Die wahre Geschichte
→ Best Of

Inhalt

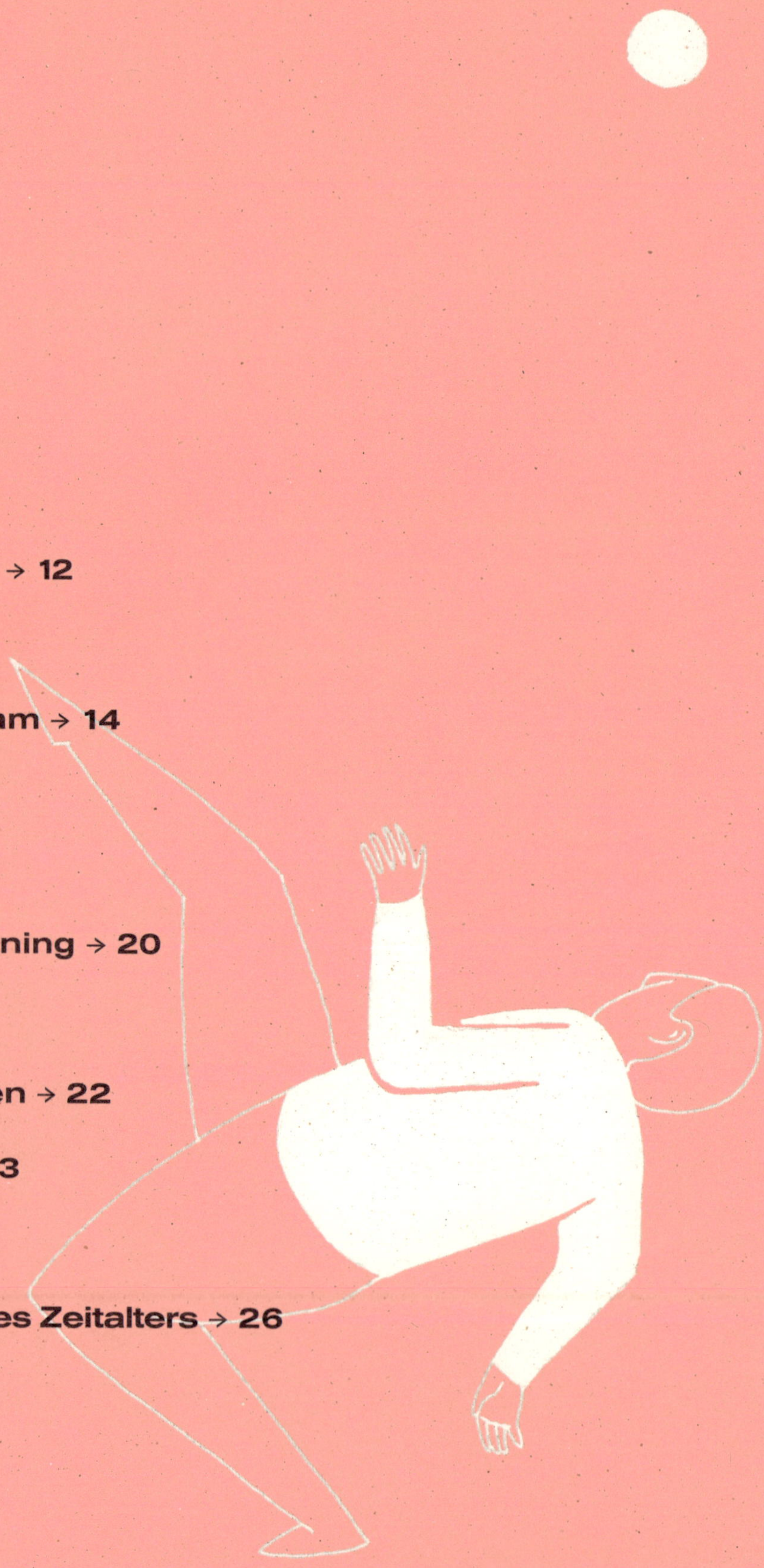

→ Inhalt

Die wahre Geschichte

Einleitung

Liebe LeserInnen, Geheimnisse aus dem Leben bekannter Persönlichkeiten, Hintergründe von gebräuchlichen Begriffen, die wahre Perspektive von Ereignissen der Weltgeschichte – sie alle üben eine geheimnisvolle Faszination auf uns aus. Wie erfährt man jedoch, was wirklich geschehen ist, was sich wahrhaftig dahinter verbirgt?

DIE WAHRE GESCHICHTE stillt jedermanns Wissbegierde und Neugier auf Details aus dem Leben bedeutender Menschen, auf kausale Nebenaspekte großer Erfindungen, unglaubliche Entdeckungen des Alltags und spektakuläre Phänomene.

Entdecken Sie mit den Lieblingsgeschichten aus der beliebten Klassik Radio Sendung DIE WAHRE GESCHICHTE Überraschendes, Amüsantes, Unglaubliches, Bewegendes und weithin Unbekanntes.

Spannung und verblüffende Auflösungen sind garantiert!

Aus Spiel wird Ernst

Geschichte 001 Das Theater beschäftigt sich häufig mit mechanischen Spielerein – nicht nur im Kontext der Bühnentechnik. Riesenhafte, übermenschliche Drohgestalten wie der Komtur im „Don Juan“ oder die tanzende Puppe Olympia in „Hofmanns Erzählungen“ waren geheimnisumwobene Wesen aus anderen Welten. In einem 1921 entstandenen Theaterstück drehte sich alles nur um mechanische Phänomene, wobei es aber keineswegs um Tanz oder Mythen ging, sondern um höchst brisante Gesellschaftskritik. Spielort des Dramas ist das Gebäude der fiktiven amerikanischen Firma „Rossum‘s Universal“, die die Welt mit auf biochemischen Wege hergestellten humanoiden Arbeitskräften ohne menschliche Regungen versorgen will. Die Zukunftsvision des Direktors – eine vom Zwang der Arbeit befreite Menschheit – scheint zum Greifen nah, als der Leiter der psychologischen Versuchsabteilung, den die Seelenlosigkeit der künstlichen Geschöpfe stört, ihm einen Strich durch die Rechnung macht und den mechanischen Wesen ein bisschen menschliches Gefühl einpflanzt. Daraufhin beginnen sie, gegen die Versklavung zu revoltieren. Massenaufstände finden statt, die Ausrottung der Menschheit durch ihre eigenen Produkte ist absehbar. Es stellt sich aber heraus, dass die neue Spezies nicht überlebensfähig ist. Zwar gibt es künstliche Menschen beiderlei Geschlechts, aber sie können sich nicht reproduzieren, weil die gegenseitige Anziehungskraft nicht eingeplant ist. Der Autor des Stücks – der Tscheche Karl Capek – will mit seinem Werk auf die kollektive Unmenschlichkeit der mit der Technisierung rapide verelenden Massengesellschaft hinweisen. Sein pessimistisches Stück mit dem Titel „R.U.R.“ ist schon lange nicht mehr aufgeführt worden. Der Name aber, den Capek für seinen seelenlosen mechanischen Arbeitspuppen prägte, ist in viele Sprachen übernommen worden, und es kennt ihn heute jedes Kind.

Mit „R.U.R.“ sind nämlich die menschlichen Arbeiter von Rossum's Universal gemeint. Da „arbeiten“ auf Tschechisch „robota“ heißt, bezeichnen wir alles, was nach maschinenähnlichen Menschen oder menschenähnlichen Maschinen aussieht, als ROBOTER.

Ruf Mord

Geschichte 002 Am 30. August 1979 meldet ein Mann bei der Pariser Polizei, dass seine Frau Jean – lediglich mit einem Laken bekleidet – aus der gemeinsamen Wohnung verschwunden sei. Sofort wird eine Großfahndung eingeleitet, denn die Vermisste ist keine Unbekannte. Es heißt, sie leide schon länger unter Verfolgungswahn. Jean ist Amerikanerin und tritt öffentlich ein für die Rechte der Schwarzen in den USA und der Algerier in Frankreich. Die USA hatte sie 1970 verlassen, weil die Verleumdungskampagnen und Beschimpfungen der dortigen Presse immer massiver wurden. In der „Los Angeles Times" war ein empörender Bericht über ihr angeblich äußerst freizügiges Sexualleben erschienen. Er gipfelte in der Behauptung, der Vater des Kindes, das sie erwartete, sei einer der Führer der Black Panther-Bewegung. Ihr Kind, ein eindeutig weißes Mädchen, kam wegen der Aufregungen und Verfolgungen viel zu früh zur Welt und starb 2 Tage später. Weil sie den Rufmord und die Belästigungen in den USA nicht mehr ertrug, zog Jean kurz darauf nach Paris. Doch auch in Frankreich fühlte sie sich nie wirklich sicher. Zehn Tage nach ihrem Verschwinden findet man die tote Jean in ihrem in einer Pariser Seitenstraße geparkten Auto. Bei der Obduktion wird ein Alkoholgehalt von fast acht Promille festgestellt.

→ Best Of

Heute steht fest, dass sie in den USA jahrelang geheimdienstlich überwacht worden ist. Doch die Umstände ihres Todes wurden nie aufgedeckt, obwohl sie damals eine weltweit bekannte Filmschauspielerin war. Die junge Amerikanerin mit der knabenhaften Kurzhaarfrisur aus dem Film „Außer Atem", JEAN SEBERG.

Spätestens bei sechs Promille ist jeder Mensch bewusstlos, und daher ist mit Sicherheit anzunehmen, dass Jean nicht von alleine in ihr Auto gestiegen sein kann. Dennoch wird amtlicherseits auf dem Totenschein Selbstmord eingetragen. In den USA war von Anfang an gemunkelt worden, die Rufmordkampagne gegen die junge Frau sei vom FBI initiiert worden. Ob und auf welche Weise das Feder Bureau of Investigation auch bei ihrem Tod eine Hand im Spiel hatte, wird wohl nie geklärt werden. Allerdings ist nicht mehr daran zu deuteln, dass Jeans Verfolgungswahn berechtigt war.

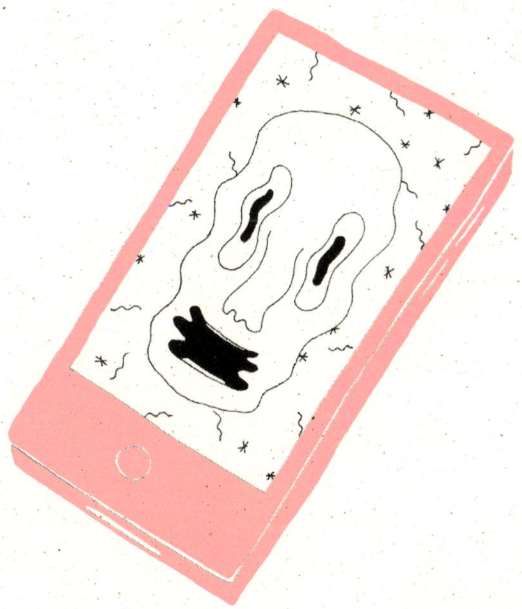

Eine runde

Geschichte 003 Im 18. Jahrhundert war in ländlichen französischen Gegenden strengstens geregelt, was Frau und Mann als ehelichen Beitrag zum täglichen Leben zu leisten hatten. Die Frauen waren für die Milchwirtschaft zuständig: Melken, Zubereiten der Milchprodukte, Verkauf der Überschüsse auf den Märkten der Umgebung. Viele Bauersfrauen verdienen sich damit ein gutes Zubrot. Auf dem Wochenmarkt in Vimoutiers kennt jeder jeden, und so hat sich schnell herum gesprochen, dass die Produkte, die Madam Harel, geborene Marie Fontaine, zu verkaufen hat, unter aller Sau sind. Man bedauert ihren Mann und die Kinder, die jene kümmerlichen, gelbfettigen Resultate täglich vorgesetzt bekommen. Sie ist offenbar eine miserable Hausfrau. Da die anderen Frauen recht genießbare, wenn auch nicht gerade vielfältige Milchprodukte anbieten, ist Maries Absatz lang Zeit gleich Null. Nach der Revolution ändert sich das plötzlich, und zwar kurz, nachdem an einem Augustabend im Jahr 1792 ein schüchterner junger Priester bei Marie Harel um Unterkunft gebeten hat. Dieser Abbé Gobert ist von seinem Bischof aus seinem vom revolutionären Terror betroffenen Kloster in die Obhut von Madam Harel geschickt worden. Bald munkelte man, die beiden hätten etwas miteinander, denn nur die Liebe könne bewirkt habe, dass Marie jetzt ausgesprochen köstliche Produkte auf den Markt bringe. Und tatsächlich verdankte sie das niemand anderem als dem Abbé Gobert. Der kam aus einer Gegend, in der es ganz besondere Rezepte gab. Aus welchen Gründen auch immer hatte er Marie die Geheimnisse jenes in Meaux, Melun und anderen Orten von den Mönchen hergestellten Milch aromatischen, mit gleichmäßig weißlicher Schimmelpilzflora überzogenen, dem Brie sehr ähnlichen Kuhmilchkäse.

Sache

Da Madam Harel aber nicht – wie üblich – große, flache Torten, sondern kleine, runde Laibe formte, bekam ihr Käse ganz offiziell seinen eigenen Namen. Noch heute heißt ein bestimmter Weichkäse, selbst wenn er in Deutschland hergestellt wird, wie das Dorf in der Normandie, in dem die französische Bauersfrau ihn kreierte: CAMEMBERT.

Eine geheimnissvolle Wurzel

Geschichte 004 Uralter Volksglaube ist oft Ausgangspunkt diverser abergläubischer Reaktionen, die selbst neuzeitlich denkende Menschen zu merkwürdigen Versuchen inspirieren. Da ist beispielsweise schon in den Mythen des Altertums die Rede von der geheimnisvollen, Verderben bringenden „Mandragora", der sagenhaften Wurzel eines gefährlichen Nachtschattengewächses. Offenbar wegen ihrer menschenähnlichen Form glaubte man, sie könne sich durch einen bestimmten Zauber tatsächlich in einen Menschen verwandelt werden. Deshalb verwundert es nicht, dass auch die Idee einer künstlichen Befruchtung mit Hilfe einer solchen Wurzel in den Köpfen einiger Verrückter herumspukte. Im Jahr 1911 wurde jedenfalls von einem Professor Jakob ten Brinken berichtet, der eine verwegene Variante solcher Experimente erfolgreich durchgeführt habe. 1928 wurde jenes überirdische weibliche Wesen, das der Professor fabriziert hatte, in einem ausführlichen Dokument leibhaftig vorgestellt: Es war von äußerst attraktiver menschlicher Gestalt, hatte aber den Makel der Sprachlosigkeit. Und es waren vor allem die niederen Instinkte, die ihm seine zweifelhafte Anziehungskraft verliehen. Kaum zwei Jahre später wurde ein erneuter Versuch publik. Jetzt konnte das schöne, verruchte Geschöpf auch sprechen. Dennoch setzte sich in seinem Charakter vor allem das fatal Dämonische durch. Zwanzig Jahre später erregte die Angelegenheit wiederum breite öffentliche Aufmerksamkeit. Auch dieses Mal entfaltete die laszive Schöne ihre triebhafte Natur. Sie ruinierte alle Männer, die ihr verfallen waren. Ihren Schöpfer, den kongenialen Professor ten Brinken, trieb sie nun sogar in den Selbstmord. Aus Rache, denn sie hatte schließlich das schreckliche Geheimnis ihrer Entstehung entdeckt: Der Professor hatte sie erschaffen, indem er mit Hilfe der Zauberwurzel die künstliche Befruchtung einer Dirne mit dem Samen eines gehenkten Lustmörders vorgenommen hatte. So gespenstisch wie die Mär dieser Zeugung ist die gesamte Geschichte: ein Roman des Fantasten Hanns Heinz Ewers, der immerhin fünfmal verfilmt wurde, davon zweimal mit Brigitte Helm – zuerst als Stummfilm, dann auch als Tonfilm.

Erst mit Hildegard Knef wurde die Mär von der schönen, dämonischen Kunstfigur zum großartigen Filmerfolg. Sowohl jenes weibliche Wesen als auch der Film wurden bekannt unter dem Namen, den die Zauberwurzel in unserem hiesigen Sagenkreis hat: ALRAUNE.

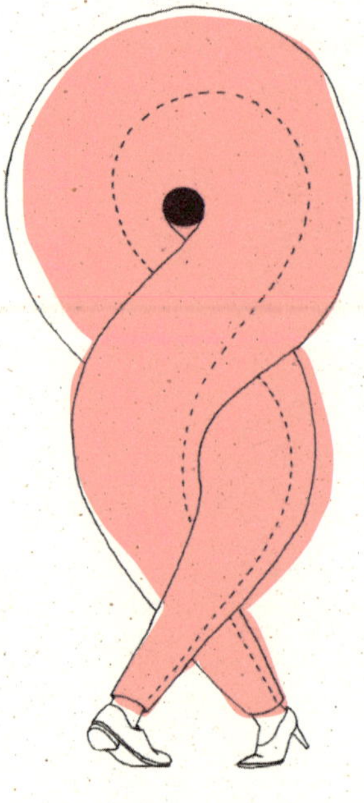

Reale Monster

Geschichte 005 Drastische Schauergeschichten über Schrecken verbreitende Meeresungeheuer haben die Menschen schon seit der Antike fasziniert. Dabei sind Dichtung und Wahrheit häufig nicht voneinander zu trennen – ob es nun um den Weißen Hai geht oder um das Ungeheuer von Loch Ness. Das mag daran liegen, dass in der Weite der Ozeane stets nur wenige Augenzeugen anwesend sind, die solche Schilderungen widerlegen könnten. Vielleicht ist aber auch etwas dran an den Legenden von menschenmordenden Kraken und Mörderhaien, die sich für ihre gnadenlose Verfolgung durch den Menschen rächen wollen. Vor wenigen Jahren stellte sich beispielsweise heraus, dass sich eine bisher weitgehend als abenteuerliche Erfindung oder zumindest als fantasiereiche Übertreibung angesehene Geschichte wirklich so abgespielt hatte, wie in einem Roman dargestellt. Der war nämlich höchst realistisch geschrieben und erwiesenermaßen authentisch, was geografische und ozeanografische Details betraf. Auch historisch war alles ganz richtig. Aber die Handlung war derart fantastisch, ja, unglaublich, dass der Autor vor allem wegen seiner überbordenden Fabulierkunst berühmt wurde. Die spezielle Art der Begegnung mit einem Seeungetüm galt daher als reine Erfindung, auch wenn der Autor nach eigenem Bezeugen im Gespräch mit einem Kapitän und in den Aufzeichnungen eines Obermaats von solchen Vorgängen erfahren hatte. Nichts als Seemannsgarn, hieß es. Doch nachdem auf einem Dachboden das Notizbuch des Kajütenjungen Thomas Nickerson aus dem Jahr 1876 gefunden wurde, steht nun fest, dass es dieses Ereignis, bei dem ein riesiger Pottwal in voller Absicht zweimal ein Schiff rammte und zum Sinken brachte, wirklich gegeben hatte. Die Aufzeichnungen des Jungen berichten in knappen Worten von den schrecklichen Erlebnissen und beschreiben detailliert die Begegnung mit einem nie zuvor oder danach gesichteten Riesenwal. Seit knapp 30 Jahren wird es daher nicht mehr als unwahrscheinlich erachtet, dass jenes 1851 geschriebene Buch keineswegs eine Erfindung darstellt, sondern eine wahre Begebenheit.

Der rachsüchtige Pottwal, der unerbittlich Jagd machte auf die Besatzung eines jener Schiffe, die rücksichtslos versuchten, die ganze Art auszurotten, könnte tatsächlich genauso gewütet haben wie in Herman Melvilles legendärem Walfänger-Roman – MOBY DICK.

→ Best Of

Nicht alles nur Kinderkram

Geschichte 006 Die Generation der jetzt etwa 70-jährigen Deutschen war die erste, die in ihrer späteren Jugend mit einer neuen Publikationsform bekannt gemacht wurde, die heute jedes Kind kennt. Die frühen Machwerke dieses Genres mussten allerdings mit fast unüberwindbaren erzieherischen Hindernissen kämpfen. Dabei hatte es in Deutschland über 50 Jahre zuvor schon Ähnliches gegeben, was man damals als amüsante, lehrreiche und Zeit vertreibende Produkte ansah.

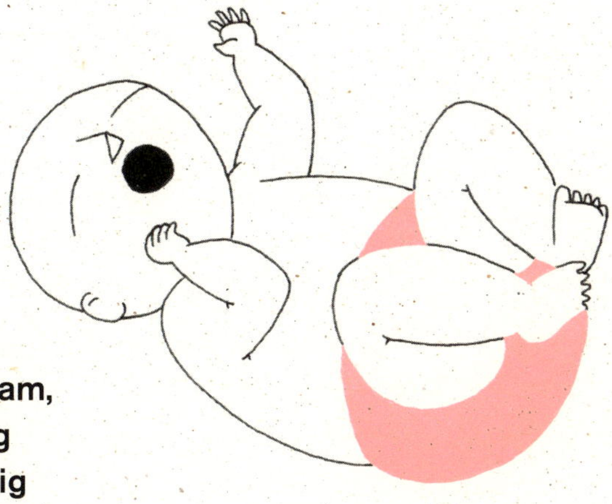

Doch die neue Variante, die dann aus den USA kam, wurde wegen ihrer manchmal etwas läppischen Darstellung und der Albernheit des verbalen Ausdrucks als minderwertig angesehen. Kinder ambitionierter Eltern hatten nur die Chance, sich diese Inhalte heimlich unter der Schulbank zu Gemüte zu führen, was die bis heute andauernde Abneigung des Lehrpersonals diesen Dingern gegenüber erklärt. Ganz anders funktionierte der Konsum der Artikel in einem modernen, vielsprachigen Land wie den USA. Viele junge Menschen haben dadurch überhaupt erst die notwendigen Überlebenstaktiken erlernt, ebenso die Grundlagen kapitalistischer Erfolgsstrategien und die Fähigkeit, sich mit einfachen sprachlichen Mitteln verständlich zu machen. Die massenhafte Verbreitung ergab sich schon vor über 100 Jahren, als in den USA ein grimmiger Zeitungskrieg zwischen den Verlagshäusern Pulitzer und Hearst ausbrach. Die Verleger versuchten, ihren Lesern etwas zu bieten, was deren Bindung an die jeweilige Tageszeitung verstärkte. Weder Skandalgeschichten noch Sport- oder Kulturnachrichten konnten das leisten, erst jene schlichten, leicht verständlichen Zeichnungen, die in täglicher Folge Nonsense verbreiteten, erwiesen sich als Auflagen steigernde Faktoren im Kampf um die Leserschaft. „Happy Hooligan", „Little Nemo" und „Mutt and Jeff" hießen einige der stilbildenden Erzeugnisse, die Hunderte von Fortsetzungen hatten. Man könnte durchaus sagen, dass Werke wie Wilhelm Buschs „Max und Moritz" als frühe deutsche Vorläufer des Genres anzusehen sind.

Doch es war Richard F. Outcaults Bildergeschichte von „Yellow Kid" und dem Hundefänger, mit der im Februar 1896 ein neues Medium seinen weltweiten Siegeszug antrat – der COMIC.

Der einsame Adler

Geschichte 007 Was ihn weltberühmt gemacht hatte, war schon über zehn Jahre her. Daher war Augustus wohl auch ziemlich verblüfft, als ihm im Oktober 1938 in Berlin „im Namen des Führers“ der Rote-Adler-Orden für seine besondere Leistung überreicht wurde. Doch es machte ihn stolz, mit den Helden dieses Regimes in einer Reihe zu stehen. Anders als viele Menschen seiner Herkunft, die sich vom Gedankengut der Nationalsozialisten distanzierten, waren die hier geltenden Werte für ihn durchaus akzeptabel. Auch er war der Meinung, dass Frauen nicht rauchen und nicht trinken sollten und dass in den Zeitungen nur das stehen sollte, was den Machthabern genehm sei. Am meisten schätzte Augustus den großartigen Leistungswillen des neuen Menschenschlags, für den nichts unmöglich zu sein schien und der jedes Hindernis aus dem Weg räumen wollte – ganz im Gegensatz zur fortschreitenden Dekadenz, die er in den westlichen Demokratien, in England, Frankreich und in den Vereinigten Staaten festgestellt hatte. Er hatte keine Hemmungen, seine Bewunderung für das „Tausendjährige Reich“ und das deutsche Wesen, an dem die Welt genesen sollte, überall kundzutun. Schließlich konnte er als hoch dekorierter Held beurteilen, was eine gute Sache war, für die es sich zu kämpfen lohnte. Ein Jahr später – zu Beginn des Krieges – stand für Augustus fest, wer den Sieg davontragen musste. Deshalb warnte er in Rundfunkansprachen und Zeitungsartikeln die Vereinigten Staaten von Amerika vor einem Eintritt in den Krieg gegen Deutschland. Es gehe doch schließlich um das Überleben der weißen Rasse „in einer drängenden Flut von Gelben, Schwarzen und Braunen“. Als die USA am 11. September 1941 in den Krieg eintraten, klagte er in einer flammenden Rede diejenigen an, die in seinen Augen für diese unheilvolle Entwicklung verantwortlich waren: die Roosevelt-Regierung, die Engländer und die Juden. Diese Rede löste einen wahren Aufruhr aus, und der Mann, der bisher eine der großen Heldenfiguren gewesen war und noch wenige Jahren zuvor die ganze Welt zu Begeisterungsstürmen hingerissen hatte, verscherzte sich alle Sympathien.

Seine nationalsozialistische, antidemokratische Gesinnung war unverzeihlich. Schlagartig war er „out“ – der zuvor von der amerikanischen Öffentlichkeit als erster Atlantikflieger euphorisch gefeierte „einsame Adler“ CHARLES AUGUSTUS LINDBERGH.

→ Best Of

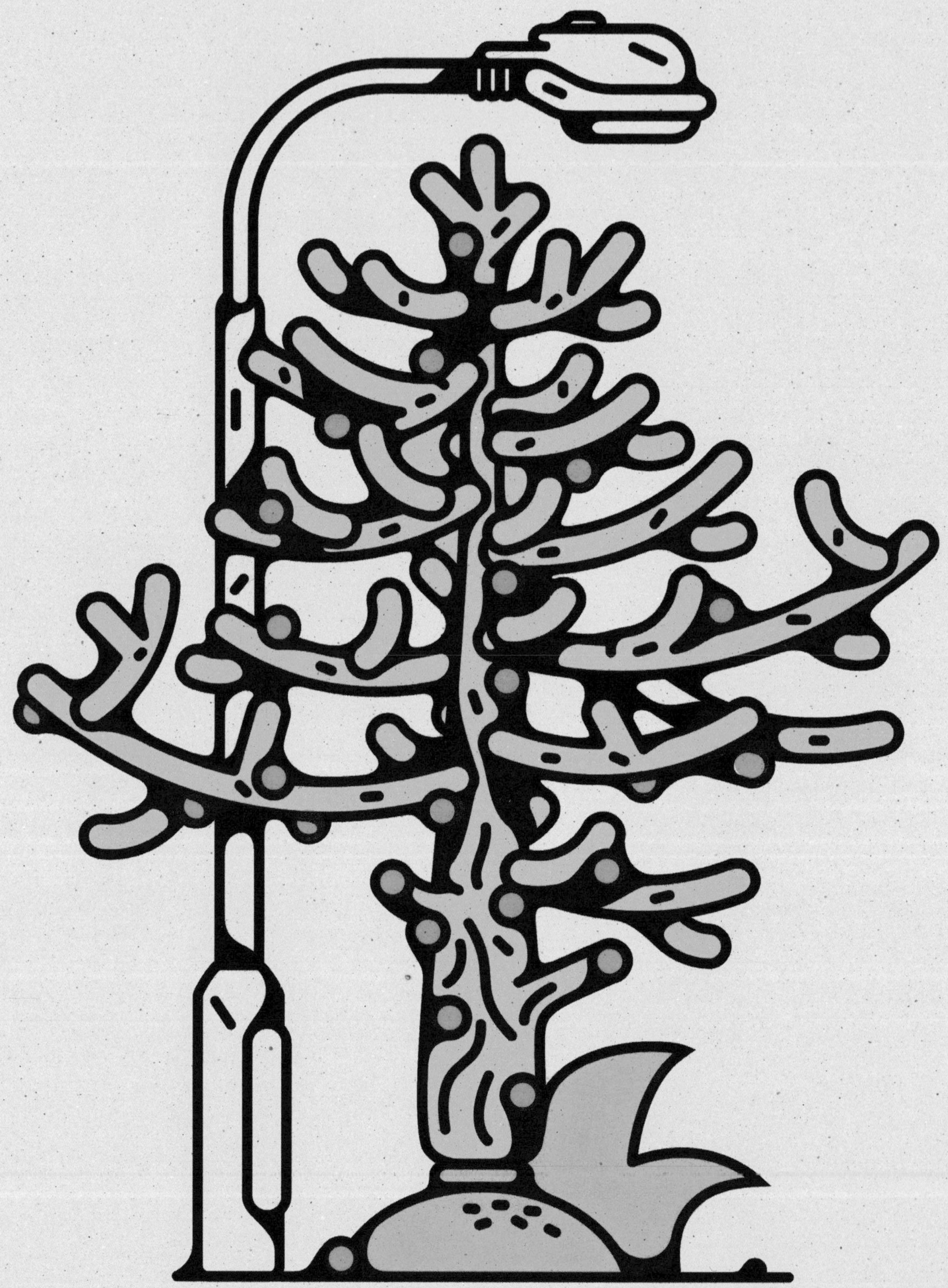

Insel der Träume

Geschichte 008 Nur selten in seinem Leben hat sich Bob so wohl gefühlt. Seine Krankheit scheint wie weggeblasen. Der 38-Jährige schwimmt braungebrannt in der Lagune, reitet, übt auf dem Flageolett seine Lieblingsmelodien und baut schließlich ein stattliches Haus, um sich mit Frau und Kindern für immer auf diesem wunderschönen Stückchen Erde anzusiedeln. „Tusitala" nennen ihn die Eingeborenen respektvoll: Geschichtenerzähler. Und das wollte Bob auch von Kindheit an werden. Doch der Vater, ein Leuchtturmkonstrukteur und streng gläubiger Presbyterianer, und die Mutter, eine Pastorentochter, bestanden darauf, dass er in Edinburgh Jura studierte. Bob, obwohl von Kindheit an kränklich, treibt sich aber lieber in Altstadtkneipen rum, opponiert gegen die Konventionen und bezeichnet sich selbst als „hitzköpfigen Sozialisten". Als 23-Jähriger erkrankt er an Tuberkulose, und der Hausarzt verordnet ihm wegen des milden Klimas einen Aufenthalt an der Cote d'Azur. Nachdem er dort Fanny Osbourne, die Frau seines Lebens, kennengelernt hat, wird er nach vier lustlos bearbeiteten Rechtsfällen von seinem Advokatentitel nie mehr Gebrauch machen. Fanny ist Amerikanerin, zehn Jahre älter als er, noch verheiratet und hat zwei Kinder. Kaum genesen, folgt ihr Bob als Zwischendeckpassagier ohne Geld und gegen den Willen des Vaters über New York, Chicago und durch den Wilden Westen nach Kalifornien und arbeitet dort für einen Hungerlohn als Reporter. Trotzdem heiratet ihn Fanny. Und jetzt – mit 29 – fängt Bob systematisch mit dem Schreiben an. Gleich sein erstes Buch wird ihn berühmt machen. Es befasst sich mit höchst abenteuerlichen Ereignissen und einem imaginären Ort von ungewöhnlicher Schönheit. Viele weitere Romane lassen ihn in wenigen Jahren zu einem der meistgelesenen Schriftsteller seiner Zeit werden. Für ihn selber aber ist es das Größte, dass er eines Tages – fast am Rand der Welt – tatsächlich jene Phantasmagorie findet, die er sich Jahre zuvor zusammen mit seinem Stiefsohn Lloyd in allen Einzelheiten ausgedacht hat: eine Südseeinsel, auf der er die letzten Jahre seines Lebens verbringt. Sie gleicht bis ins Detail genau dem Ort, den er in seiner berühmten Seeräubergeschichte von Jim Hawkins, Captain Flint und Long John Silver beschrieben hat.

Fast alle Kinder der westlichen Welt kennen diese Geschichte. Denn wie seine kauzigen Helden hat der Autor Robert Louis Stevenson mit seinem Buch auch jenes Paradies unsterblich gemacht: die kleine Samoa-Insel Upolu. Denn sie ist „DIE SCHATZINSEL".

→ Best Of

Ein spezielles Körpertraining

Geschichte 009 Am 14. August 1900 endete eine der bemerkenswertesten Rebellionen aller Zeiten. Zwar waren die Rebellen keineswegs erfolgreich, aber ihr besonderes Auftreten änderte den Lauf der Geschichte. Schon am 17. Juni des gleichen Jahres war es zu einer schweren Konfrontation der Aufständischen mit den insgeheim das Land beherrschenden Ausländern gekommen. An die 20.000 Rebellen marschierten in fester Formation in die Hauptstadt ein und verbreiteten dort Angst und Schrecken. Das hatten sie vorher schon in anderen Provinzen des Landes gemacht, indem sie zahlreiche Europäer, Amerikaner und andere Christen getötet hatten. Ihre bizarren Kostüme und rotweißen Banner, ihre Furcht erregenden Kampfrufe und das ohrenbetäubende Dröhnen ihrer Trommeln treiben die Ausländer in die Botschaften, wo sie monatelang ausharren müssen. Als schließlich ein multinationales Einsatzkorps von der Küste her zur Hauptstadt vordringt, wird die Belagerung blutig beendet. Die Sieger diktieren harte Friedensbedingungen, und die Regentin des Landes, die mit den Rebellen gemeinsame Sache gemacht hat, taucht unter. Die Kämpfer aber – meist einfache Landarbeiter – bekommen schwerste Strafen. Doch sie ertragen sie. Fast alle sind Mitglieder einer Geheimgesellschaft, die sich ganz besonderen Ritualen unterzog. Sie glaubten, sich damit unverwundbar gemacht zu haben, selbst gegen Gewehrkugeln, was aber natürlich nicht stimmte. Doch obwohl fehlgeschlagen, war dieser Aufstand nicht vergeblich. Gerade sein Scheitern gab der einheimischen nationalistischen Bewegung ungeheuren Auftrieb und versetzte dem maroden System, das imperialistischen Eindringlingen gestattet hatte, das Land wie eine Kolonie in Handelszonen unter sich aufzuteilen, den Todesstoß. Und so war es letztlich die Rebellion des Geheimbundes mit dem Namen „I-Ho-Chuan", die 1911 zum Sturz der kaiserlichen Dynastie und zur Revolution der Nationalisten führte. „I-Ho-Chuan" heißt „Verband für Gerechtigkeit und Harmonie" oder auch „gerechte und vereinende Fäuste".

Deshalb sind der Einmarsch in Peking und die martialische Rebellion der chinesischen Bauern, die die Ausländer mit ihren magischen Fäusten aus dem Land zu treiben versuchten, in die Geschichte eingegangen als chinesischer BOXERAUFSTAND.

Heiliges Wasser

Geschichte 010 Sie trägt den geheimnisvollen Namen „Blaue Maguey“ und hat schon die Gottkönige der Azteken erfreut. In trockenen tropischen Landschaften, wie es sie in manchen Gegenden Mittelamerikas gibt, gefällt es ihr am besten. Sie gedeiht dort so prächtig, dass ihr vielgeliebtes Herz bis zu 120 Kilogramm schwer wird. So mancher Unternehmer gäbe sonst etwas dafür, wenn er die Herzen möglichst vieler blauer Magueys gewinnen könnte! Denn auch heutzutage verspricht der Besitz noch immer reichen Gewinn. Das wissen unzählige Firmen, die sich mit der derzeitigen Vermarktung beschäftigen. Schon Bernal Diaz, der mit Hernando Córtez jene Provinzen eroberte, berichtete in seinem Tagebuch von den merkwürdigen Prozeduren, denen die Maguey sich unterziehen muss, um das herzugeben, was erfrischende Sonnenuntergänge und andere exotische Genüsse verhieß – allerdings auch schwere Räusche. Etwa zehn Jahre braucht die Maguey, um zu voller Reife zu erblühen. Ihr „heiliges Wasser“, das es auf dieser Erde länger gibt als sämtliche spirituellen Getränke der Alten Welt, wurde früher zu rituellen Zwecken gebraucht. Und die Einhaltung der Rezeptur wird auch jetzt noch genauso streng gewahrt wie in den Zeiten vor der spanischen Eroberung. Heute wird jedoch aus dem Herzen der Maguey ein Industrieprodukt gewonnen, das zu einem der wichtigsten Exportgüter einer eng begrenzten Region geworden ist. Allerdings wäre es zu Anfang des 20. Jahrhunderts beinahe um das gesamte Produkt geschehen gewesen, hätte nicht ein deutscher Biologe mit einer speziellen Züchtung die von einer verheerenden Wurzelfäule befallenen Kulturen der zu den Liliengewächsen zählenden Pflanze gerettet. Seitdem ist die widerstandsfähige Abart der blauen Maguey bei Züchtern unter dem Beinamen ihres Retters als „Weber Azul“ bekannt. Ausschlaggebend für das Gütesiegel ist ein 50-prozentiger Anteil dieser Agavenart am Endprodukt. Wird das in Mexiko weit verbreitete, hochprozentige Getränk aus anderen Agaven gewonnen, heißt es im allgemeinen Mescal.

Ein Städtchen im Zentrum der Anbauprovinzen Nayarat und Jalisco, wo schon seit eh und je die Destillation jenes Getränks betrieben wird, bürgt für die Echtheit des „heiligen Wassers“. Es ist nicht einfach irgendein Mescal, sondern der echte TEQUILA.

→ Best Of

Verschiedene Lebewesen

Geschichte 011 Aus sicherer Entfernung verfolgen die Männer das Aufzucken der Atomblitze und die Entstehung der typischen Rauchpilze. Sie gehen davon aus, die einzigen höheren Lebewesen in der weiteren Umgebung des Versuchsgeländes zu sein. Das öde Innere des Kontinents gilt in den fünfziger Jahren des letzten Jahrhunderts noch als vollkommen unbewohntes Land. Sonst hätte die Regierung der neuen Atommacht wohl kaum die Genehmigung erteilt, ihre Nukleartests dort durchzuführen. Es hatte in dem fraglichen Gebiet nur wenige Ansiedlungen gegeben. Die eingewanderten Siedler waren samt Hausstand und Tieren evakuiert worden, und man hatte große Tafeln mit Warnhinweisen aufgestellt, damit niemand mehr in das Gebiet einreiste – vor Beginn nicht und auch nicht auf Jahre hinaus hinterher. Die elf Atomtests und 500 sonstigen Nuklearexperimente, die von 1953 an in dem Gebiet unternommen wurden, setzten insgesamt 101 Kilogramm Beryllium, 25 Kilogramm Plutonium und 8.000 Kilogramm Uran frei und verseuchten Hunderte von Quadratkilometern Wüste und Buschland. Das riesige Sperrgebiet sollte aus Sicherheitsgründen bis Anfang der 80er Jahre ausgeschildert bleiben. Doch schon kurz nach den Nukleartests waren Vermutungen geäußert worden, dass viel mehr und auch „noch andere Lebewesen“ in den betroffenen Gebieten gelebt hätten. Man korrigierte daraufhin die früheren Schätzungen um einige tausend Exemplare verschiedener Tierarten nach oben, blieb aber dabei, dass es sich hauptsächlich um Kängurus gehandelt habe. Es kam erst zum Eklat, als Wissenschaftler behaupteten, bei jenen „anderen Lebewesen“, die ebenso wenig wie die Kängurus von den für sie unlesbaren Hinweistafeln gewarnt worden wären, hätten sich in den letzten Jahrzehnten vermehrt die typischen Spätfolgen einer atomaren Verseuchung gezeigt: anhaltendes Siechtum, Tod durch rätselhafte Krankheiten und Tumore. Wie die Kängurus lebten sie seit Jahrtausenden nomadenhaft in der Wüste, ohne dass man alle ihre Aufenthaltsorte kannte. Und auch ihre Zahl war nicht bekannt. Dennoch war weiterhin nur von Tieren die Rede, die im toten Herzen Australiens durch die Atomversuche der Briten in den 50er Jahren in Mitleidenschaft gezogen worden seien.

Inzwischen ist es jedoch eine schreckliche Gewissheit geworden, dass es Menschen waren, die dort unauffällig und nach eigenen urzeitlichen Regeln gelebt hatten – die vom Aussterben bedrohten Ureinwohner Australiens – DIE ABORIGINES.

Über den Tod hinaus

Geschichte 012 In den späten sechziger Jahren war es nicht nur der Reiz von Flower Power oder Swinging London, der so manches brave deutsche Bürgertöchterchen zumindest zeitweilig auf Abwege geraten ließ. Es waren auch die wilden exotischen Männer der Pop-Schickeria, die sie anzogen, in die Ferne lockten und zu Groupies machten. Bei den meisten legte sich die Begeisterung bald, denn der anfängliche Spaß an dem von Drogenexzessen, Sexorgien und Promiskuität gekennzeichneten Lotterleben an der Seite eines Popstars verebbte schnell. Vor allem, wenn vom bürgerlichen Zuhause mit dem Abbruch der Kontakte und Enterbung gedroht wurde. Doch was Monika damals an der Seite von Jim, ihrem weltberühmten jungen Geliebten, erlebte und erlitt, prägte sie bis an ihr Lebensende. Sie hatte es als „fait accompli" angesehen – auch wenn es durch Jims frühen Tod nicht in die Tat umgesetzt wurde –, dass sie noch posthum als seine Frau gelten würde. Nun stammte Monika aus einer bekannten Kaufmannsfamilie und hatte die Mittel, jahrelang die Gerichte zu bemühen, um gegen eine ihrer Widersacherinnen vorzugehen, die denselben Anspruch geltend machte. Diese Kathy hatte tatsächlich vor Monikas Zeiten eine längere Liaison mit Jim gehabt und alle seine Exzesse und Eigenheiten geduldig ertragen. Und sie war auch die Freundin des Stones-Gitarristen Keith Richard gewesen. Doch es war unbestreitbar Monika, in deren nächster Nähe der gerade mal 27-jährige Jim qualvoll sein Leben ausgehaucht hatte. Ein jahrelanger erbitterter Rechtsstreit zwischen Kathy und Monika ergab im April 1996 – also 26 Jahre nach Jims Tod –, dass Kathy Etchingham die Rechte an seiner Person zugesprochen bekam, und zwar in allerletzter Instanz. In den Tagen danach waren die Zeitungen nicht nur in Deutschland voll mit Schlagzeilen, die sich auf Monika bezogen. Denn am Tag nach der gerichtlichen Entscheidung hatte sich die inzwischen 50-jährige Monika in ihrem Auto mit Abgasen das Leben genommen. Das erregte vor allem deshalb großes Aufsehen, weil Monika die Erbin der bekannten deutschen Zigarillo-Dynastie Dannemann war. Es ging ihr nicht ums Geld, sie konnte es nicht verwinden, dass das Gericht ihr nicht zugestand, die letzte Lebensgefährtin eines der größten Rock-Idole zu sein.

Bei dem 1970 nach offiziellen Angaben an einer Überdosis Rauschgift gestorbenen Musiker handelte es sich nämlich um keinen anderen als den weltberühmten virtuosen Gitarristen JIMI HENDRIX.

→ Best Of

Allgemein gut

Geschichte 013 Wie haben wir das Leben eigentlich ausgehalten, als eine ganz bestimmte Art von Musikgenuss noch unbekannt war? Dabei ist es noch gar nicht so lange her, dass man keineswegs auf Schritt und Tritt, in Wald und Feld, im Dschungel der Großstadt und selbst im Büro seine eigens ausgewählte Musik hören konnte. Doch Ende 1979 geschah das bis dato Unvorstellbare, und zwar nur, weil ein unkonventionell denkender Mann sich gegen all seine Berater durchsetzte. Zugegebenermaßen hatte dieser Mann eine Position inne, die es ihm erlaubte, nach eigenen Vorstellungen zu schalten und zu walten. Er war Gründer der Telecommunication Engineering Corporation, und deren erstes Produkt bestand aus einem Papierstreifen, der mit Hilfe einer Paste aus Reismehl mit gemahlenem Magnetstaub beschichtet worden war. Eine grandiose Erfindung, wie man heute weiß, nur war dafür damals noch kein Bedarf vorhanden. Produkte müssten eben nicht nach den Bedürfnissen des Marktes entwickelt werden, sondern man müsse den Markt für das Produkt kreieren, beschloss der Erfinder. Und dieser Maxime sollte er sein Leben lang treu bleiben. Da er selber der Firmenchef war, konnte er das auch fast immer verwirklichen. Sein Name, Akio Morita, der uns allen wie die schönste Lieblingsmusik im Ohr klingen müsste, ist kaum jemandem geläufig. Doch die Musikstadt Wien hat ihm kürzlich ein Denkmal errichtet. Es zeigt nicht die Person des Akio Morita, sondern jene fortschrittliche Erfindung, die die Welt veränderte und die wir ihm allein verdanken. Im August 1979 war auf sein Betreiben und gegen den Rat aller anderen ein Gerät produziert worden, das mit einem Schlag und ohne einen einzigen Marketing-Test weltweit in den Handel kam. Es bestand aus einem kleinen Kasten mit zwei Kabeln, die jeweils am Ende eine Art Stöpsel hatten. Im Innern befand sich jenes Magnetband, das Gerät konnte aber nicht aufzeichnen, sondern nur abspielen. Akio Morita selber hatte dem mobilen Abspielgerät einen Namen gegeben.

Er war der Chef von Sony, konnte aber den Markennamen nicht schützen lassen. Und zwar nur, weil der Erfolg des Apparats, den bis dato keiner vermisst hatte, so bahnbrechend war, dass der Name quasi schlagartig weltweit zum Synonym wurde: WALKMAN.

→ Best of

Der begabteste Dichter

Geschichte 014

Die russischen Feuilletonisten feierten im Jahr 2007 Wladimirs 70. Todestag. Als er sich 1930 laut Protokoll der kommunistischen Geheimpolizei GPU mit einer Browning erschoss, hatte er gerade seinen 37. Geburtstag gefeiert. Sein in Versform verfasster Abschiedsbrief wurde als Ausdruck schweren Liebeskummers interpretiert. Das hätte auch stimmen können, denn Wladimir war zeitlebens bekannt für seine heftigen Liebesgeschichten.

des Zeitalters

Allerdings auch dafür, dass er zum Schreiben immer einen Federhalter benutzte, während sowohl das Datum als auch die Unterschrift des Abschiedsbriefs mit Bleistift verfasst waren. Graphologen und Philologen vermissten zudem die für Wladimir typischen Stilelemente. Und die waren einer großen Öffentlichkeit bekannt, denn Wladimir war ein Dichter, der die Revolution mit pathetischen Worten gepriesen und die Bolschewiken als Erlöser der Menschheit gelobt hatte. Als Stalin an die Macht kam und die Parteidiktatur einführte, bezeichnete er die Literaturschaffenden als „Ingenieure der Seele". Er setzte sie aber auch unter Druck, lauthals die Leistungen der Partei in die Welt hinaus zu posaunen. Das hatte Wladimir bis dahin freiwillig getan. Er war oft in Berlin und hatte sogar eine Propaganda-Reise in die USA gemacht. Es war vielleicht ein Fehler, dass er sich in eine dort lebende russische Emigrantin verliebte. Er erwog sogar, in die USA auszuwandern. Offenbar äußerte er das auch seiner Vertrauten Lili Brik gegenüber. Schon bald darauf durfte er nicht mehr ins Ausland reisen. Heute wissen wir, dass Lili Brik, Wladimirs langjährige Muse, auch seine geheimdienstliche Aufpasserin war. Sofort nach Wladimirs Tod wandte sie sich aber an den Genossen Stalin und bat ihn um die Rehabilitierung ihres früheren Geliebten: Sie war sich dessen sicher, dass er nicht selber Hand an sich gelegt hatte. Offiziell wurde zwar immer wieder bestritten, dass die Geheimpolizei bei Wladimirs angeblichem Selbstmord ihre Hand im Spiel hatte. Stalin selbst hatte schließlich mit roter Tinte an den Rand von Lilis Bittbrief geschrieben: „Er ist und bleibt der begabteste Dichter unseres sowjetischen Zeitalters". Doch die russischen Feuilletonisten feiern ihn nicht nur als den größten russischen Dichter des 20. Jahrhunderts.

Für sie ist er eindeutig ein Märtyrer, da er – wie man heute weiß – 1930 mit großer Wahrscheinlichkeit von der kommunistischen Führung um Stalin umgebracht wurde: der wortgewaltige Held der russischen Revolution WLADIMIR MAJAKOWSKIJ.

Müde

Krieger

Geschichte 015 Seit etwa zwei Jahrzehnten wird in hoch zivilisierten Ländern immer häufiger eine gesundheitliche Störung diagnostiziert, die inzwischen in aller Munde ist. Jährlich wird das umfassende Krankheitsbild weltweit in Hunderten von Veröffentlichungen wissenschaftlich besprochen. Unübersehbare Warnsignale im Vorfeld sind erhöhte Stimmungslabilität, verminderte Belastbarkeit, verstärkte Infektanfälligkeit und allgemeine Unlust.
Eine umfassende Liste der Symptome existiert allerdings nicht, weswegen auch die genaue Zahl der Betroffenen bisher statistisch nicht erfasst werden kann. Und obwohl seit etwa zwanzig Jahren immer mehr Menschen von dem beklagenswerten Zustand betroffen sind, gibt es für dieses Leiden erst seit neuester Zeit eine Bezeichnung, die sozusagen das Kind beim Namen nennt – allerdings nur auf Englisch, denn ein deutsches Wort existiert nicht. Das Phänomen hat schon Thomas Mann interessiert. In seinem Roman „Die Buddenbrooks" ist der Lübecker Senator auf dem Gipfel des Erfolgs. Trotzdem ist offensichtlich, dass Buddenbrook keine Zukunftsperspektive sieht und nur eine innere Leere empfindet. Thomas Mann beschreibt, dass sich der Senator unaussprechlich müde und verdrossen fühle. Was für ihn zu erreichen gewesen war, hatte er erreicht, und er wusste wohl, dass er den Höhepunkt seines Lebens längst überschritten hatte. Bekannt ist, dass sich auch Johann Wolfgang von Goethe eine Zeit lang müde und verdrossen fühlte und seine innere Leere durch eine anregende Italienreise zu bekämpfen versuchte. Tatsächlich ist aber auch er keineswegs der erste Betroffene, vielmehr wird dieses Phänomen schon viel früher erwähnt und beschrieben. Im Alten Testament findet sich die Geschichte des Propheten Elias. Nach einer „Erfolgssträhne" vollbrachter Wunder und Siege im Namen des Herrn ist er angeblich immer häufiger schon beim ersten Anzeichen einer drohenden Niederlage in tiefe Verzweiflung und Müdigkeit verfallen.

Die aus biblischen Zeiten überlieferte Kraftlosigkeit und innere Leere kannte man in Fachkreisen lange Zeit als „Elias-Müdigkeit". Die heutige Bezeichnung beschreibt jenes Phänomen des Ausgebranntseins als das, was es ist: ein BURNOUT-SYNDROM.

Feurige Medizin

Geschichte 016 Die erste, dem heutigen Gebrauch entsprechende Nutzung jener höchst brisanten Angelegenheit erfolgte im 9. Jahrhundert, allerdings weit entfernt vom alten Europa. Die Sache an sich war schon einige hundert Jahre früher und eigentlich zum Wohle der Menschen entwickelt worden – was sich jedoch später ins genaue Gegenteil verkehrte. Zunächst aber wurde die Rezeptur in einem Land am anderen Ende unserer Welt ausschließlich zu medizinischen Zwecken verwendet. Es gab dort schon sehr früh eine spezielle, hoch entwickelte Medizin, die im Mittelalter durch das Mönchswesen auch anderswo Verbreitung fand. So ist es sehr wahrscheinlich, dass auf diesem Weg der Franziskanermönch Roger damit in Berührung kam. Roger war einer der berühmtesten Alchemisten des Mittelalters, und sein Hauptinteresse galt einem noch bis heute höchst aktuellen Forschungszweck: der Verlängerung des menschlichen Lebens. Roger war überzeugt, dass der Einfluss der Planeten dabei eine Rolle spiele. Er experimentierte aber auch mit verschiedenen alchemistischen Mixturen, vor allem mit Blut, Quecksilber und einer Reihe weiterer Stoffe. Etwa zur gleichen Zeit mixte und experimentierte ein deutscher Franziskanermönch. Allerdings hatte der weniger die Gesundheit als vielmehr – wie die meisten Alchemisten – die Erzeugung von Edelmetallen im Sinn. Er wollte nur zu gern Silber herstellen. Es lag auf der Hand, dass er sich auch mit den Ideen seines englischen Bruders Roger beschäftigte. Der war allerdings in Verdacht geraten, mit dem Teufel im Bunde zu stehen und deshalb 1284 vom Papst zu lebenslänglichem Kerker verurteilt worden. Zuvor aber hatte er in seinen Werken „Opus amius“ und „Opus tertium“ ausführlich über seine geheimnisvollen Substanzen und medizinischen Experimente berichtet, unter anderem über jene aufregende Rezeptur, die die Chinesen „Hua Yao“ nannten, das heißt „feurige Medizin“. Es kann kein Zufall sein, dass der deutsche Franziskaner Berthold bei seinen Versuchen, Silber herzustellen, genau die Mixtur benutzte, die auch Roger beschrieben hatte. Doch jenes Pulver, mit dem Berthold experimentierte und das bald darauf als Treibmittel für Feuerwaffen verwandt wurde, ist bei uns und in aller Welt bekannt geworden unter dem Namen des Freiburger Mönchs Berthold Schwarz.

Dennoch ist derjenige, der es als Erster mit all seinen Eigenschaften beschrieben hat und dem deshalb der etwas zwiespältige Ruhm der Erfindung des so genannten Schwarzpulvers gebührt, der englische Alchemist und Franziskanermönch ROGER BACON.

→ Best Of

Kuschel Mode

Geschichte 017 Gemeinsam mit ihrem Mann zeichnet Laura nach Vorbildern aus dem 19. Jahrhundert Muster für Heimtextilien und Tapeten. Das ist kein besonders einträgliches Geschäft, aber Laura ist froh, dass sie damit zum Unterhalt beitragen kann. Als sich Nachwuchs ankündigt, entschließt sich die werdende Mutter, die Familieneinkünfte durch eine kleine Manufaktur zu verbessern. Für zehn Pfund kauft sie einen Webrahmen, und stellt – ohne große Umstände zu machen – auf dem Küchentisch kleine Kopftücher und Platzdeckchen her. Auch den Vertrieb übernimmt Laura selbst. Selbst als sie schon hochschwanger ist, fährt sie mit der Underground in die Londoner Innenstadt, um Kaufhäuser und Geschäfte zu beliefern. Unerwartet wird die Mode aus dem südlichen Londoner Vorort Pimlico über Nacht berühmt: Die als Schauspielerin gerade hoch im Kurs stehende Audrey Hepburn knotet sich 1953 in dem Film „Ein Herz und eine Krone“ ein kleines handgesäumtes Tüchlein von Laura um den hübschen Kopf. Und natürlich wollen schon bald alle jungen Mädchen so ein Kopftuch haben. Die neue Geschäftsidee muss weiter ausgebaut werden. Bald weben und säumen Hunderte von Näherinnen für Laura, und ihre Kopftücher und Heimtextilien werden in alle Welt verschickt. 1968 eröffnet sie ihren ersten Shop in Londons Nobel-Stadtteil Kensington. Zur Grundausstattung des Sortiments gehört jetzt auch ein ganz besonderes Kleid. Es kostet erstaunlicherweise nur fünf Pfund und ist fast knöchellang. Laura hatte das erste dieser Kleider ursprünglich nur für sich selbst entworfen und genäht. Doch die Kreation wurde ein Riesenerfolg und war sozusagen der endgültige Startschuss für ein Weltunternehmen mit zeitweise bis zu 200 und einem jährlichen Umsatz von 100 Millionen britischen Pfund. Nie hätte Laura gedacht, dass sie mit ihren eher ländlichen Kreationen in der Großstadt Furore machen würde. Aber es war wohl der richtige Zeitpunkt, und die Idee, mit romantischen Kleidern, kleinen Kreationen aus dunkelblauem Samt, und geblümten Chintz Vorhängen den Traum vom feinen englischen Landleben zu verbreiten, kam europaweit gut an.

Laura hat offenbar mit ihrem persönlichen Geschmack den Nerv der Zeit getroffen. Auf frühen Fotos trägt sie jedenfalls selbst die unschuldigen Blümchen-Kleider, mit denen sie jahrelang das Leben einer heilen Welt beschwor – LAURA ASHLEY.

Uraltes Heiligtum

Geschichte 018 Mag sein, dass er tatsächlich von Engeln erschaffen wurde – der gemauerte Würfel inmitten der Häuser, die sich in konzentrischen Kreisen um den großen Platz mit dem Brunnen gruppierten. Jener auffällige Kubus befand sich jedenfalls schon seit Menschengedenken an dieser Stelle, die ein wichtiger Knotenpunkt alter Handelsstraßen war. Auch der Kaufmann Abul-Kasim saß jetzt immer häufiger mit den Männern am heiligen Brunnen. Schon wegen des guten Süßwassers, das hier aus dem Boden kam, war der Ort eine Kultstätte, an der neben dem alten Mondgott Hubal auch den steinernen Idolen der Stammesgötter der verschiedenen Clans der Umgebung gehuldigt wurde. Abul-Kasim war einer der Sesshaften. Aber ihn interessierte dennoch, was die Nomaden mitbrachten: die Handelsware und auch das Gedankengut, das mit den Karawanen aus allen Himmelsrichtungen herangetragen wurden. Und irgendwann befiel ihn dann eine innere Unruhe, deren Auswirkungen sich auf eine Weise manifestierten, die man wahrhaft als die Welt verändernd bezeichnen kann. Die erste von verschiedenartigen Neuerungen, die sich unter Abdul-Kasims Anleitung vollzogen, war die Verdammung der alten steinernen Idole am Brunnen. Es waren 360 an der Zahl, die nun, als Götzensteine und Satanswerk verpönt, dem

Das hat nichts zu tun mit jener heidnischen Kultstätte. Es ist der Ort der Erleuchtung von Abul-Kasim ibn Abdallah – des späteren Propheten Mohammed –, zu dem hin sich Millionen Muslime täglich mehrmals im Gebet verbeugen: die heilige Stadt MEKKA.

Bildersturm des Kaufmanns zum Opfer fielen. Der gemauerte Würfel in seiner abstrakten Form aber blieb unangetastet. Vielleicht, weil seine legendären Erbauer, die Engel, auch dem neuen Zeitgeist entsprachen. Auf jeden Fall hing mit ihnen jene ausschlaggebende Erfahrung des Kaufmanns Abul-Kasim ibn Abdallah zusammen, durch die er fortan als „Erleuchteter" galt. Allerdings war die Eingebung, die ihn so grundlegend umkrempelte, zugleich Anlass für seine Vertreibung. Er trat eine Flucht an, die bis heute die Grundlage eines der wichtigsten Rituale seiner Anhänger darstellt. Der Kaufmann Abul-Kasim kehrte nach längerer Abwesenheit im Jahr 630 als gefeierter Prophet Allahs zu dem Ort zurück, an dem der große Würfel stand. Nun erklärte er das Monument – die Kaaba – zum Allerheiligsten des Islam und zur zentralen Wallfahrtsstätte. Und bis heute streben Gläubige vieler Länder und Regionen danach, wenigstens einmal im Leben dorthin zu gelangen.

→ Best Of

Was vor fast fünfzig Jahren in jenem Haus einer 3000-Einwohner-Gemeinde etwa dreißig Kilometer von München entfernt wirklich passiert ist, wird man nie genau rekonstruieren können. Sämtliche möglicherweise aufschlussreichen Unterlagen sind vernichtet, und fast alle in die Sache verwickelten Personen sind längst gestorben – manche eines natürlichen Todes, andere erschossen, erhängt oder sonst irgendwie eliminiert durch die Nachwirkungen jener Ereignisse. Eine Person aber hat sozusagen ihre eigene Geschichte überlebt.

schlüssig

Nennen wir sie Frau B. Jahrelang versuchte sie, den Sinn jener Vorgänge zu begreifen. „Warum ist mir das passiert?“ fragte sie. „Was war die Voraussetzung für so ein furchtbares Leben?“ Fünfzig war sie gewesen, als die zwei Toten in dem Haus eines mit ihr befreundeten Arztes aufgefunden wurden. Erste Ermittlungen führten zu der Annahme, der Arzt hätte seine Haushälterin infolge eines Streits erschossen und anschließend Selbstmord verübt. Doch es fand sich ein Testament, das merkwürdigerweise zu Gunsten von Frau B. abgefasst war. Deshalb richtete sich der Verdacht sogleich auf die attraktive, hoch gewachsene blonde Frau. Schnell machte die Presse aus ihr eine geldgierige Lebedame, eine skrupellose Abenteuerin. Man traute ihr durchaus zu, zusammen mit ihrem Geliebten aus niedrigen Beweggründen einen Doppelmord begangen zu haben. Ein Aufsehen erregender Prozess begann. Die sensationslüsterne Boulevardpresse baute die Tochter von Frau B. zur Zeugin der Anklage auf, und die wegen des eindeutigen Alibis der Angeklagten von den Ermittlern willkürlich um einen Tag vorlegte Tatzeit erhärtete den Verdacht gegen sie. Dass die Tochter später vor Gericht alle belastenden Aussagen widerrief, bewirkte nichts. Von der Vorverurteilung durch die Öffentlichkeit konnten sich auch die Geschworen nicht freimachen: Frau B. wurde schuldig gesprochen. Noch Jahre später kursierten Gerüchte, der ermordete Arzt habe sein Vermögen keineswegs mit Heilkunst, sondern als Waffenhändler gemacht, und kein Geringerer als der BND habe die wahren Mörder gedeckt, Recherchen und Wiederaufnahmeverfahren verhindert und Zeugen verschwinden lassen. Das wurde zwar durch eine spätere TV-Dokumentation erhärtet – aber nicht wirklich schlüssig bewiesen.

Es könnte demnach sein, dass sie 18 Jahre unschuldig hinter Gittern verbracht hat – die 1962 wegen Mordes an Dr. Otto Praun und seiner Haushälterin in einem skandalösen Schwurgerichts Prozess verurteilte und inzwischen verstorbene VERA BRÜHNE.

→ Best Of

Visionen vom Welt

Geschichte 020 Die fünfziger und sechziger Jahre des zwanzigsten Jahrhunderts waren wohl die Epoche des maßlosesten Energieverbrauchs, der hemmungslosesten Belastung von Natur und Umwelt. Energiesparen, Treibhausgase, Ozonloch – das waren alles noch kaum bekannte Begriffe. Die Raumtemperatur wurde durch Öffnen und Schließen der Fenster reguliert, Wärme-Isolation war kein Thema. Autos wurden von Jahr zu Jahr größer und schwerer, und ein Benzinverbrauch von mehr als 20 Litern auf 100 Kilometer war nicht ungewöhnlich. Die USA waren stolz darauf, das Land mit dem weitaus höchsten Pro-Kopf-Energieverbrauch zu sein, denn amerikanische Wirtschaftswissenschaftler folgerten daraus, dass die Vereinigten Staaten damit die am höchsten entwickelte Volkswirtschaft seien! Was zählte, war Fortschritt um jeden Preis. Doch am 17. Februar 1972 präsentierten einige zuvor unbekannte Gurus ein kleines, 175 Seiten umfassendes Büchlein. Darin wurde zum ersten Mal vor den schlimmen Folgen des ungebremsten Wachstums gewarnt. Mit Hilfe von Computersimulationen hatten Wissenschaftler verschiedener Disziplinen die zukünftige Bevölkerungsentwicklung, den zu erwartenden Nahrungsmittelbedarf, die wachsende Industrialisierung, das Zunehmen der Umweltverschmutzung sowie die Ausbeutung von Rohstoffen prognostiziert. Ihre Hochrechnungen hatten ergeben, dass das System noch im 21. Jahrhundert einen Kollaps erleiden würde. Die Initiatoren dieser Prognose waren aber keineswegs Politiker. Vielmehr hatte ein Großunternehmer – der damalige Fiat-Manager Aurelio Peccei – den Anstoß dazu gegeben. Besonders die Vorstellung der absehbaren Endlichkeit fossiler Energieträger hatte ihn beunruhigt. Er regte an, dass sich führende Wissenschaftler, Politiker und Unternehmer aus aller Welt zusammensetzten, um globale Perspektiven, langfristige Denkansätze und die Analyse ineinander verwobener Problematiken zu diskutieren. Doch erst das wachsende Selbstbewusstsein der Ölbarone und Wüstenscheichs, die ihre Macht gegenüber den Industriestaaten erkannt hatten und durch dramatische Erhöhungen der Ölpreise bewiesen, machte den Bericht der Experten, die 1968 in Rom einen Verein gegründet hatten, zum aktuellen Thema.

Letztendlich sind diverse Zusammenschlüsse wie die Grünen, Greenpeace, Robin Wood – und selbst die Aktionen gegen die Castor-Transporte – zurückzuführen auf die Studie „Die Grenzen des Wachstums" jener in Rom gegründeten Vereinigung – des CLUB OF ROME.

untergang

Revolutionäre Weitsicht

Geschichte 021 Es ist kein Geheimnis, dass die USA nach der Machtergreifung Fidel Castros am Neujahrstag 1959 unter einer Art nationalem Trauma litten. Die absurden Möglichkeiten zur Beseitigung des Revolutionsführers, die der damalige CIA-Chef Allan Dulles – der Bruder des Außenministers John Foster Dulles – im Auftrag des Weißen Hauses ausgearbeitet hat, zeugen von fanatischen Hassgefühlen. Doch was der amerikanische Geheimdienst auf dieser Basis plante, musste zwangsläufig zu einem Debakel führen. Präsident Eisenhower hatte zwar eine „Covert Action" – eine Art verdeckter Vorbereitung zum Sturz des Castro-Regimes – angeordnet. Doch offiziell konnte sich die US-Regierung eine Beteiligung am Umsturz in Cuba nicht leisten, ohne dass sich die Sowjets eingemischt hätten. Schon zuvor war der CIA hier und da die Anstiftung zur Konspiration gelungen, die zu Machtwechseln geführt hatte, ohne dass die Rolle der USA dabei bekannt wurde. Ein Beispiel dafür war der Sturz des Präsidenten Jacobo Arbenz in Guatemala. Auch Fidel Castro sollte durch eine insgeheim von den USA unterstützte „Rebellen"-Invasion, bestehend aus Brigaden der Exil-Kubaner, beseitigt werden. Die kubanischen Exilgruppen in Miami hatten eine Truppe von insgesamt 1.400 Mann aufgestellt. Dazu kamen aber noch die aus der Zeit des Battista-Regimes übrig gebliebenen Schläger aus der Szene der Glücksspieler, Profikiller und Gangster. Man verließ sich darauf, dass sich ihnen nach der Invasion ein ganzes Heer von Widerständlern gegen den „Massimo Lider" anschließen würde. John F. Kennedy, der 1961 die Präsidentschaft übernahm, konnte gar nicht anders, als der Sache sein Okay zu geben. Doch nun waren nicht nur sämtliche Castro-Gegner, die sich am 17. September 1961 mit den in die Schweinebucht einfallenden Exilkubanern vereint hatten, längst weggesperrt. Seit Wochen warteten auch 20.000 Mann der Verteidigungstruppen Castros auf die Invasion der Amerikaner. Das lag vor allem an der Weitsicht eines Mannes, der ein Freund Fidels war und sieben Jahre zuvor in Guatemala an der Seite von Jacobo Arbenz gekämpft hatte.

Der hatte die Absichten der CIA bis ins Detail vorausgesehen. Dass die USA 1961 in Kuba ihr großes Debakel erlitten, war also vor allem ihm zu verdanken – dem argentinischen Arzt und charismatischen Revolutionär ERNESTO CHÉ GUEVARA.

Das Reich des Bösen

Geschichte 022 Russland war in den Augen des Westens schon seit ewigen Zeiten ein unbekanntes, geheimnisvolles Land. Die Jahrhunderte alte Scheu vor der Begegnung mit anderen Kulturkreisen hatte das traditionelle Bild von der Abgeschlossenheit Russlands geprägt. Erkundungen dessen, was im Inneren des russischen Reiches vor sich ging, schienen weitgehend unmöglich. Und als nach dem Zweiten Weltkrieg eine Abriegelung aller unter sowjetischem Machtanspruch stehenden Gebiete erfolgte, schien sicher zu sein, dass – wie es der amerikanische Präsident Reagan in den achtziger Jahren noch ausdrückte – dort das „Reich des Bösen" begann. Doch die verbale Auseinandersetzung im Ost-West-Konflikt hatte schon eine lange Tradition. Sie begann eigentlich mit einem Begriff, der ursprünglich in Wien geprägt wurde. Am Vormittag des 7. Dezember 1881 fand dort im Theater am Ring eine Matinée zugunsten des Unterstützungs-Vereins für die Witwen und Waisen der Wiener Polizeibeamten statt. Das Haus war ausverkauft, und – wie üblich – sollte mit dem Beginn der Vorstellung im Bereich der Bühne die Gasbeleuchtung entzündet werden. Doch der Anzünder versagte, das ausströmende Gas explodierte. In Sekundenschnelle setzte das Feuer die gesamte Bühnendekoration in Brand, und im Nu stand auch der Zuschauerraum in Flammen. Auf Grund verschiedener Schlampereien und Unzulänglichkeiten – und nicht zuletzt auch wegen des Versagens der Rettungskräfte – verbrannten damals 448 Menschen. Als Folge der Tragödie wurden für alle Theaterbauten ausreichend Notausgänge und Notbeleuchtungen zwingend vorgeschrieben. Hinzu kam, dass von da an Bühne und Zuschauerraum durch eine feuerfeste Vorrichtung voneinander abtrennbar sein mussten. Als sich nach dem Ende des Zweiten Weltkriegs im westlichen Europa eine freiheitlich-demokratische Gesellschaftsordnung etablierte, im Osten jedoch ein sozialistisches Machtsystem entstand, wurde in der Zeit des so genannten „Kalten Krieges" ein bestimmter Begriff aus den Theaterbauvorschriften zum Schlagwort für die Spaltung Europas. Nicht zuletzt, um damit auszudrücken, dass der Kommunismus brandgefährlich sei.

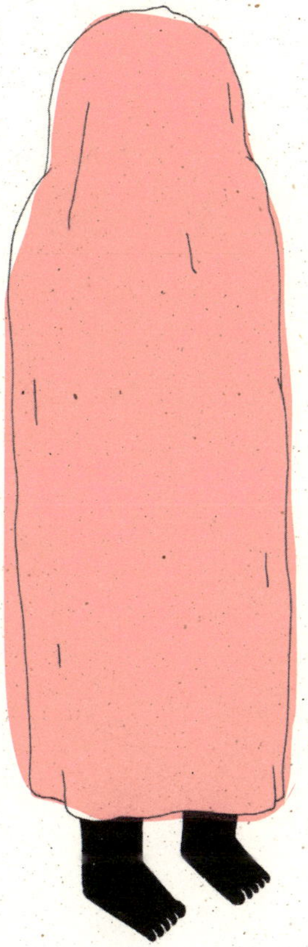

Als Winston Churchill im Mai 1945 mit dem US-Präsidenten Harry S. Truman die Abriegelung der kommunistischen Gebiete vereinbarte, wurde die massive, feuersichere Wiener Bühnenvorrichtung zur weltweiten Metapher – der EISERNE VORHANG.

→ Best Of

Pferde gibt es auf unserer Erde schon seit Jahrmillionen. Sie lebten in den Steppen, überwanden große Entfernungen, waren schnelle Transportmittel und wurden gern auch als Freunde des Menschen bezeichnet. Es ist allerdings nicht wirklich herauszufinden, seit wann sie auch als „Sportgeräte" genutzt wurden. Auf jeden Fall wurde zu diesem Zweck schon vor langer Zeit mit speziellen Züchtungen und Kreuzungen der verschiedenen Rassen begonnen, um so immer leistungsfähigere Tiere zu erhalten.

logisch

Schnelligkeitswettbewerbe gab es nicht erst unter den Reitern des Dschingis Khan. Vielmehr waren Wagenrennen schon zu Zeiten der Römer und Griechen beliebte Volksbelustigungen. Die modernen „Leistungsprüfungen für Vollblutpferde“ – so bezeichnet man heute Pferderennen aller Art – wurden aber vor allem zur Zuchtsicherung begonnen. Pferde, die den Anstrengungen harter Trainings gewachsen sind, gewinnen nicht nur Rennen, sondern taugen auch besser zur Fortpflanzung. Heute wird der Pferdesport vor allem für Leute veranstaltet, die an Rennwetten interessiert sind. Dadurch unterliegt er auch einem komplizierten Reglement von Startvoraussetzungen, die vor allem dem Zweck dienen, für alle Pferde die gleichen Ausgangsbedingungen zu schaffen. Solche Fairness-Regeln entspringen der britischen Mentalität und gelten inzwischen auch für andere Sportarten. Vielfach sind Distanz-, Gewichts- und Punktevorgaben probate Maßnahmen für das Ausgleichen von Benachteiligungen. Nur so gibt es so etwas wie eine gerechte Beurteilung. Und darum geht es natürlich nicht nur im Sport, sondern auch im täglichen Leben. Wie ein allgemein gebräuchlicher, aus dem Englischen stammender Begriff zustande gekommen ist und wo er zuerst auftauchte, ist schwer zu sagen. Es hört sich fälschlicherweise so an, als könnte er mit einer Mütze zu tun haben, die irgendwie handlich ist. Auf jeden Fall wird dieser Begriff inzwischen in mehreren Sportarten und auch im täglichen Leben verwendet – wenngleich mit unterschiedlicher Bedeutung: Er hat einerseits mit Benachteiligung zu tun, es geht aber auch um Chancengleichheit. Ja, man hat manchmal sogar den Eindruck, es könne sich dabei um eine besondere Art der Qualifikation handeln.

Wenn einer beim Sport eine Punktevorgabe bekommt, aber auch wenn jemand generell im Leben durch irgendwelche Nachteile anderen gegenüber im Hintertreffen ist, dann sagt man häufig: Er ist gehandicapt. Oder auch: Er hat ein bestimmtes HANDICAP.

→ Best Of

Café

haus-

Geschichte 024 Paris 1941. Die Szene-Cafés – das „Flore“, die „Coupole“ und das „Rotonde“ – werden bevorzugt von deutschen Besatzern besucht, worauf sie von den meisten Franzosen gemieden werden. Das „Café Flore“ hat als Treffpunkt deutscher Geheimdienstleute den bei Weitem schlechtesten Ruf. Von zwei später sehr berühmten Intellektuellen weiß man, dass die Deutschen an ihrem Gedankengut besonders interessiert sind und eine spezifische Methode nutzen, um die beiden auszuspionieren. Allerdings mit derart unbefriedigenden Ergebnissen, dass sie den dazu Abkommandierten zur Verzweiflung brachten. Dieser deutsche Armeeangehörige, der in den Akten als „Dr. M.“ geführt wurde und angeblich ein Romanist aus Freiburg war, musste nämlich den Briefverkehr der beiden Pariser Szenegrößen kontrollieren. Er war anfangs ein heimlicher Verehrer der beiden Literaten. Doch schon nach kurzer Ausübung seiner Tätigkeit als Postzensor zeigte er sich extrem angeödet vom Inhalt der Korrespondenz, die fast hauptsächlich von der weiblichen Seite ausging. Dr. M beklagte sich, es gehe dabei nur „um klein karierten Caféhaus-Klatsch, Befindlichkeiten und allerlei gleichgeschlechtliche oder sonstige sexuelle Geständnisse“. Und um die Absolvierung eines gewissen „Solls banaler Verführung“ von Seiten des Mannes, mit der er aber „nur existenzialistische Konsequenz“ zu beweisen versuche. Dr. M. fühlte sich derart genervt und an der Nase herumgeführt, dass er sich schon nach kurzer Zeit „lieber vom Iwan abknallen“ lassen wollte, als weiter solche unsinnigen Briefe lesen zu müssen. Nun könnte man ja annehmen, das Paar, an dessen philosophischer Substanz er so sehr interessiert war, habe von der Bespitzelung gewusst und absichtlich irgendwelche banalen oder gar obszönen Details ausgetauscht. Das war aber keineswegs der Fall. Vielmehr geschah es wohl aus eigenem Antrieb, dass „sie“ ihrem Liebhaber diverse erotische Details und delikate intime Erlebnisse schilderte, um so seine Begehrlichkeit anzufachen. Schließlich entsprach es ja seiner speziellen Philosophie, dass jede feste Beziehung eine gewisse Libertinage und sexuelle Freizügigkeit beinhalten sollte. Und da wollte sie offenbar nicht zurückstehen.

Klatsch

Um dem Dichter und Philosophen Jean Paul Sartre zu imponieren, erfand sie Extravaganzen erotischer Art und dazu auch die männlichen und weiblichen Partner – die weltbekannte Schriftstellerin und Frauenrechtlerin SIMONE DE BEAUVOIR.

Erschreck ende

Geschichte 025 Es fing damit an, dass das Führungspersonal diverser Bank- und Sparkassenfilialen an einem Samstag zu einem Arbeitsessen einbestellt wurde. Anschließend hatten sich alle an ihre Arbeitsplätze zu begeben und dort den Mitarbeitern der Bezirksverwaltung Zugang zu sämtlichen Tresoren und Schließfächern zu verschaffen. Es handle sich um eine höchst amtliche Inspektion.

Parallele

Fehlten Schlüssel oder wurde deren Herausgabe verweigert, waren sofort Mechaniker zur Stelle, die die Geldschränke fachgerecht aufbrachen. Durch diesen klugen Schachzug konnten nach staatlich angeordneter Außerkraftsetzung des Bankgeheimnisses übers Wochenende landesweit sämtliche Geldinstitute des Landes durchsucht werden. Die Konfiszierung von Wertgegenständen wurde in den nächsten Tagen in Schlössern und ehemaligen Gutshöfen, aber auch in Kirchen, Klöstern und Großbetrieben fortgesetzt. Der Verbleib von unzähligen Wertgegenständen und über tausend Sparbüchern, diversen Familienerbstücken, wertvollem Schmuck und mehr als 250 Gemälden – unter anderem von Cranach, Dürer und Rembrandt – deren Besitzer angeblich unbekannt waren, wird wohl nie aufgeklärt werden. Alle Unterlagen über die einbehaltenen Güter wurden umgehend vernichtet. Das „Bundesamt zur Regelung offener Vermögensfragen" konnte Mitte der 90er Jahre nur feststellen, dass fast alle geraubten Gegenstände Devisen bringend ins Ausland verkauft worden waren. Doch die eingezogenen Vermögen waren nicht etwa durch Straftaten erbeutete Gelder oder Wertsachen, deren rechtmäßige Eigentümer unbekannt waren. Vielmehr handelte es sich um ganz legalen Besitz von Menschen, von denen – oder von deren Erben – man sogar größtenteils die derzeitigen Aufenthaltsorte kannte. Sie alle hatten aber eines gemeinsam: Sie lebten nicht mehr in diesem Land. Viele waren Juden und andere Verfolgte, die aus Nazideutschland geflohen oder nach dem Krieg ausgewandert waren. Deren Vermögen wurde im Januar 1962 willkürlich zum Eigentum der Deutschen Demokratischen Republik erklärt. Es war der Stasi-Chef Erich Mielke, der die fraglichen Wertsachen in Abstimmung mit dem SED-Vorsitzenden Walter Ulbricht beschlagnahmen ließ.

Diese Aktion erinnert in erschreckender Weise an die Enteignungen im Dritten Reich. Sie war der größte, staatlich organisierte Raubzug der Nachkriegsgeschichte und ist in den Stasiunterlagen vermerkt unter dem zynisch anmutenden Tarnnamen „AKTION LICHT".

Kaiserliche Toleranz

Geschichte 026 Im ersten Buch Mose heißt es „Und Gott ruhte am siebenten Tag". Daher ist bei den Juden der siebte und letzte Tag ihrer Kalenderwoche, der Sonntag ein heiliger, arbeitsfreier Tag. Der Sabbat beginnt mit der Dämmerung am Freitagabend und endet mit dem ersten Licht am nächsten Morgen. Seit Jahrhunderten schon regeln streng festgelegte Riten in genauen Einzelheiten, wie der Sabbat zu begehen ist. Da für Jesus und seine Jünger der Sabbat ebenfalls heilig war, galten diese Gebote auch noch für die frühen Christen. Erst mehr als 300 Jahre später, nachdem viele der Gläubigen aus dem Heiligen Land vertrieben, verfolgt und gemartert worden waren, begann die neue Religion auch im Römischen Reich Fuß zu fassen. Ihre Anerkennung als Glaubensgemeinschaft hatten die Christen vor allem der Toleranz Kaisers Konstantins I. zu verdanken. Der ließ sich zwar erst 337 auf dem Totenbett taufen, aber im Gegensatz zu seinen Vorgängern hatte er sie nie verfolgt, sondern von Anfang an zumindest geduldet. Einer seiner Anordnungen für das römische Volk mussten sich dann aber auch die Christen fügen: Nicht der Sabbat – der siebente Tag der Woche – sollte der Tag sein, an dem gefeiert wurde. Vielmehr sollte es nach wie vor der Tag des heidnischen Sonnengottes sein, den sie zusammen mit den Römern zu ehren hatten. Den Christen kam diese Anordnung gerade recht, denn der Befehl gab ihnen Gelegenheit, sich jetzt deutlicher vom Judentum, aus dem sie hervorgegangen waren, zu unterscheiden. Um den neuen Feiertag offiziell festzulegen, trafen sich sämtliche christliche Würdenträger im Jahr 326 in Nicäa, einer asiatischen Kleinstadt in der Nähe von Konstantinopel. Nach dem jüdischen Kalender war Christus am ersten Tag der Woche auferstanden, und eine glückliche Fügung wollte es, dass der von Kaiser Konstantin offiziell zum Feiertag erhobene „dies solis" genau mit dem Tag der Auferstehung Jesu zusammenfiel. Demnach würden die Christen in Zukunft am ersten Tag der Woche ihren Gottesdienst feiern und nicht arbeiten. Mit Ausnahme der Tatsache, dass nun nicht mehr der Sabbat gefeiert wurde, blieb vorerst alles beim Alten. Die Christen nannten ihren neuen Feiertag nach wie vor „dies dominica" – Tag des Herrn.

Im Laufe der Zeit hat sich aber auch bei uns die Bezeichnung durchgesetzt, die schon von den alten Römern und ebenso zur Zeit Kaiser Konstantins üblich war. Da war es der Tag des Sonnengottes gewesen – „dies solis" –, also der „Tag der Sonne", der SONNTAG.

Ziemlich geladen

Geschichte 027 Tag für Tag das Gleiche, dachte der Sonnengott Helios. Tag für Tag muss ich mit meinem Sonnenwagen über den Himmel fahren! Wie langweilig! Also überließ er eines Tages die Zügel seinem Sohn Phaeton. Doch der – jung, ungestüm und unerfahren wie er war – setzte mit dem feurigen Gefährt die Erde in Brand. Das erboste Gottvater Zeus aufs Äußerste, und er schleuderte den Knaben mit einem Blitzstrahl in einen Fluss. Untröstlich über das Schicksal ihres unglücklichen Bruders, vergossen die Töchter des Sonnengottes viele Tränen, und diese fielen – so der griechische Mythos – als sonnenfarbene Bernsteine auf die Erde. Schon Mitte des zweiten Jahrtausends vor Christus kam Bernstein mit den Phöniziern auf dem Seeweg nach Mykene, und spätestens seit dem 4. Jahrhundert vor Christus wurde er auf dem Landweg – „Bernsteinstraße“ genannt – direkt von der Ostsee bis zum Mittelmeer gebracht. Schon seit der Antike glaubten die Menschen, dass geheimnisvolle, stark wirksame Anziehungskräfte im Inneren der goldglänzenden Harztropfen verschlossen seien. Platon verglich dieses erstaunliche Phänomen mit den Eigenschaften anderer „magnetischer“ Steine. Tatsächlich erschien etwa 2000 Jahre später – also um das Jahr 1600 – die Schrift „De magnete“ des englischen Mediziners und

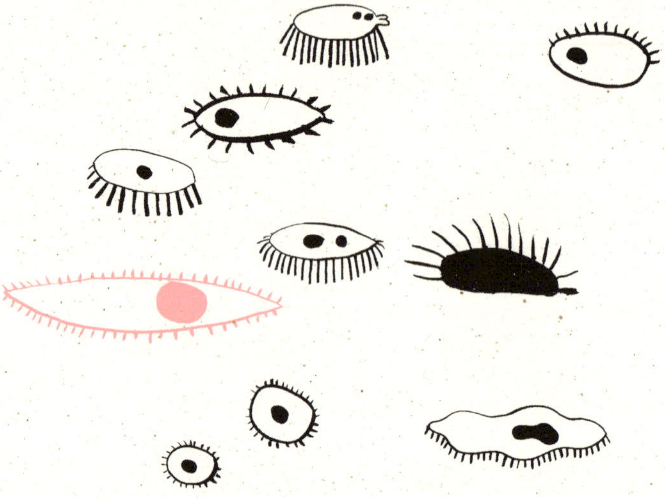

Physikers William Gilbert. Sein Kapitel über „bernsteinartige Körper“ behandelte die schon in der Antike beobachtete Eigenart, dass solche Steine durch Reiben magnetartige Anziehungskraft entwickeln und angeblich sogar Funken erzeugen konnten. Im Jahr 1897 veröffentlichte dann J. J. Thomson seine Bahn brechende Erkenntnis über die Existenz von Teilchen, die noch kleiner sind als Atome. Diesen kleinen, von ihm als erstem identifizierten, negativ geladenen Elementarteilchen gab man – wegen einer gewissen Übereinstimmung ihrer Eigenschaften mit den Phänomenen, die bei der Reibung der geheimnisvollen Harztropfen aufgetreten waren – auch einen ganz ähnlichen Namen. Mittlerweile gibt es in der Welt der physikalischen Gesetze wie in der Sprache der Bites und Chips Tausende von Hinweisen, Ableitungen und Abkürzungen in Bezug auf diesen damals erfundenen und daher eigentlich „altmodischen“ Begriffs.

Trotz dieser Vielfalt hat heute kaum jemand eine Ahnung, was es mit dieser Bezeichnung auf sich hat. Sie hat zu tun mit dem geheimnisvoll strahlenden, sonnenfarbenen, statisch aufgeladenen Bernstein. Denn den nannten schon die alten Griechen ELEKTRON.

Modischer Patriotismus

Geschichte 028 In Paris wurde nach dem Ende des Zweiten Weltkriegs eine Menge junger Frauen von ihren gerade erst befreiten französischen Landsleuten verhaftet. Allen, die mit den Deutschen kollaboriert hatten, wurde öffentlich und radikal der Kopf geschoren. Viele Mädchen und Frauen empfanden das als Schande, aber Haare wuchsen ja wieder! Außerdem waren Kurzhaarfrisuren in Mode. Jeanne hatte nie etwas übrig gehabt für lange Haare. Sie trug unter ihren eigenwilligen Hüten eine Art Bubikopf. Doch auch sie wurde 1945 verhaftet, obwohl sie schon über sechzig war. Es hatte allerdings nichts mit ihrem Alter zu tun, dass sie – trotz der Eindeutigkeit ihrer Affäre mit einem deutschen Diplomaten – im wahrsten Sinn des Wortes „ungeschoren" davonkam. Man könne schließlich von einer Dame ihres Alters nicht erwarten, dass sie – wenn sie die Chance hätte, einen jungen Geliebten zu finden – sich erst den Pass des Mannes zeigen ließe, war einer ihrer berühmt flapsigen Aussprüche. Tatsächlich waren es dann aber ausgerechnet die guten Kontakte zu den Deutschen, die sie vor ihren eigenen Landsleuten retteten. Jeanne, die den Krieg verabscheute, hatte 1943 ihre „internationalen Beziehungen" – zum britischen Botschafter Samuel Hoare einerseits und andererseits zum SS-Führer der Abwehr, Major Walter Schellenberg – dazu genutzt, ein Gespräch mit Winston Churchill zu arrangieren. Im November 1943 sollte sie Churchill auf dem Rückweg von der Konferenz in Teheran treffen und ihm mitteilen, auch in Deutschland bestehe jetzt die Bereitschaft zu Verhandlungen über die Beendigung des Krieges. Doch Churchill war krank geworden, und das Treffen wurde abgesagt. Jeanne unterrichtete Major Schellenberg in Berlin, dass die unter dem Codenamen „Modellhut" vereinbarte Aktion nicht stattfinden könne. Wäre ihre Absicht gelungen, hätte das vielleicht Tausenden das Leben gerettet. Doch ihr Versuch, Friedensgespräche zu arrangieren, ersparte ihr die drohende Bloßstellung, die ihre Nachkriegskarriere möglicherweise beendet hätte – was in jedem Fall ein Verlust gewesen wäre.

Denn „Jeanne", die patriotische „Kollaborateurin", war keine andere als die berühmte und bis heute unvergessene Pariser Modeschöpferin, deren Vorname eigentlich Jeanne-Gabrielle war – die in aller Welt bekannte COCO CHANEL.

→ Best of

Krachmachen

Geschichte 029 Man sollte meinen, in existentiell gefährlichen Situationen sei es am besten, sich möglichst still und heimlich aus der Affäre zu ziehen. Oder zumindest abzuwarten, ohne sich zu rühren, ob sich eine Chance bietet, wie man einer drohenden Konfrontation aus dem Weg gehen kann. Solch ein Verhalten wird aber schon seit Urzeiten als feige angesehen – als unwürdig gar. Oder – wenn es hochkommt – als weiblich listig. In jedem Fall hat es etwas unrühmlich Unmännliches und ganz und gar nichts Heldenhaftes.

dazu gehört

Anders als im Tierreich zählte unbesonnenes Draufgängertum offenbar immer schon zu den größten Tugenden der menschlichen Spezies. Odysseus, der nicht umsonst der Listenreiche genannt wird, konnte zwar mit seinen heimlich, still und leise aus dem so genannten Trojanischen Pferd aussteigenden Kampfgefährten den Sieg über Troja einleiten. Doch die Art der Überrumplung muss wohl schon damals einen üblen Beigeschmack gehabt haben. Einen ebensolchen „haut gout" hatten bei Karl May die Überfälle der sich auf leisen Sohlen in die Lager der edlen Weißen einschleichenden Rothäute. Die vermieden auf diese Weise, sich dem Kampf Mann gegen Mann stellen zu müssen. Der „ehrliche" Kampf aber war aber etwas, was vorher angekündigt wurde, damit man sich in Ruhe darauf vorbereiten und dann unter Einhaltung bestimmter Regeln Siege erringen konnte. Oder auch Niederlagen, die häufig zur Folge hatten, dass man dabei sein Leben verlor. In früheren kriegerischen Zeiten hing alles davon ab, wie rechtzeitig man sich zum Kampf rüstete. Zu diesem Zweck nutzten wahrscheinlich schon die alten Römer einen ganz bestimmten Warnruf. Der wurde später von ihren Nachkommen, den Italienern, übernommen und schon bald zu einem auch anderswo verwendeten feststehenden Begriff. Aus dieser laut und deutlich gerufenen Aufforderung wurde irgendwann im Deutschen eine meist mit Lärm verbundene Warnung, wobei auch der Begriff „Lärm" seinen Ursprung in dem betreffenden Kommando haben dürfte.

Ob nun vor Angreifern, Feuer oder Hochwasser gewarnt wird, es geschieht auch heute noch mit dem von dem italienischen Befehl „an die Waffen" – „all'armi" – abgeleiteten Ruf, der in vielen Fällen zu einem feststehenden Begriff geworden ist: ALARM.

→ Best Of

Er hat es

Geschichte 030 Es ist fast 50 Jahre her, da waren Texte und Musik der Top-Hits in den amerikanischen Charts nicht nur äußerst populär, sondern auch hoch politisch. Beispiele dafür sind die Songs von Bob Dylan, Joan Baez, von Pete Seger genauso wie von Gruppen wie Peter, Paul & Mary. Die Mischung aus Folk-, Country- und Protestsongs begeisterte die Massen. Die anspruchsvollen Texte und eingängigen Melodien machten sie im Grunde zu zeitlosen Evergreens. „Puff, the Magic Dragon" – beispielsweise – „If I had a Hammer" und „Blowin' in the Wind" waren die größten Hits von Peter, Paul & Mary. Etwa 200 Tage im Jahr war die Band auf Konzerttournee und machte dabei auch Kollegen populär, deren Songs sie auf ihre eigene unverkennbare Art und Weise interpretierte. Einer davon war Henry John Deutschendorf – ein Folksänger und Texter. Ende der sechziger Jahre hatte er für das Trio den ersten großen Hit geschrieben. Mit diesem Song hatte es eine ganz besondere Bewandtnis, die allerdings erst Jahre später in tragischer Weise zutage treten sollte. Deutschendorf hatte von 1969 an eine erstaunliche Solokarriere hingelegt. Seine „Greatest Hits" verkauften sich im Jahr 1972 über zehn Millionen Mal und waren wohl das bekannteste Album des ganzen Jahrzehnts. Später ließ das Interesse an Deutschendorf in den USA spürbar nach. Daran änderte sich auch nichts, als er 1984 sehr erfolgreich in der damaligen Sowjetunion und 1992 als erster westlicher Musiker in der Volksrepublik China auftrat. Doch zu der Zeit waren ihm auch andere Dinge sehr wichtige geworden: Umweltprobleme, Tierschutz, Hungerhilfe in Afrika. Vielleicht war es dieses engagierte Eintreten für die weniger Glücklichen dieser Erde, das seine Fans dazu veranlasste, Deutschendorfs plötzlichen Tod als eine Art Mythos zu verklären. Vielen von ihnen schien es ein Fingerzeig des Himmels zu sein, dass der Sänger schon Jahre zuvor in einem sehr elegischen Songtext für Peter, Paul & Mary ein bestimmtes Thema aufgegriffen hatte.

wohl geahnt

Aus bis heute ungeklärter Ursache stürzte er 1977 mit einem selbst gesteuerten Flugzeug ganz plötzlich ins Meer. Als hätte er es geahnt, hatte Henry John Deutschendorf – alias John Denver – schon Jahre zuvor den Song geschrieben LEAVING ON A JET PLANE.

Frühe Emigranten

Geschichte 031 Die Chachapoya, ein indianischer Stamm im Grenzland zwischen Brasilien und Peru, gaben den Wissenschaftlern lange Zeit Rätsel auf. Wie kam es, dass bei ihnen immer wieder blonde, weißhäutige Kinder geboren wurden? Schon die Spanier, die im 16. Jahrhundert unter Francisco Pizarro das Inka-Reich eroberten, berichteten davon. Und auch von großen Häusern und Städten, die längst im Urwald versunken waren. Schließlich stießen holländische Archäologen in diesem Gebiet tatsächlich auf höchst widersprüchliche Anzeichen einer Hochkultur aus präkolumbischer Zeit. Demnach könnte es dort Anfang des 8. Jahrhunderts bis zum Beginn des Inkaregimes im 14. Jahrhundert eine faszinierende Zivilisation gegeben haben, die von verschiedenen Einflüssen aus der europäischen und orientalischen Antike geprägt war. Eine bestimmte Art der Einhandflöte, eine besondere Trommel, seltsame, gehörnte Tonfiguren, die an den phönizischen Fruchtbarkeitsgott Baal erinnern, belegen eine auf den ersten Blick ziemlich waghalsige These: Als die Römer das Phönizierreich zerstörten – also etwa im dritten vorchristlichen Jahrhundert – könnte es zu einer Art überseeischer „Auswanderungswelle" gekommen sein. Die Phönizier, die 1000 Jahre lang die Geschicke der antiken Welt rund ums Mittelmeer beeinflussten, waren eigentlich Nomaden der arabischen Wüsten, hatten sich dann aber zu genialen Seefahrern entwickelt und unter anderem auch Karthago gegründet. Sie gelangten bis nach Britannien und zum Indischen Ozean und könnten in der Lage gewesen sein, mit dem Nordostpassat den Atlantik zu überqueren. Warum sollten sie nicht auch im Mündungsgebiet des Amazonas gesiedelt haben? Von da aus könnten sie dann stromaufwärts nach Osten gewandert sein. Da die Phönizier im Mittelmeerraum aus den unterworfenen Völkern stets Söldner rekrutiert hatten, könnten mit ihnen auch Männer verschiedenster europäischer Stämme bis ins heutige Peru gelangt sein. Die blonden, hellhäutigen Menschen bei den Chachapoaya könnten also Nachkommen eines bestimmten, von den Phöniziern besiegten mitteleuropäischen Kulturvolks sein.

Wie schon in anderen Ländern, in die sie auf ihren Kriegszügen gelangten, vermischten sich Angehörigen eines bestimmten Volks gerne mit der Urbevölkerung, behielten aber längere Zeit bestimmte Eigenarten ihrer Kultur und Baukunst bei. Und das waren die legendären KELTEN.

Ver botenes und Profanes

Geschichte 032 In vielen Ländern war in Zeiten der Unterdrückung die Literatur ein geheimer Zufluchtsort, an dem Ideen und Gedanken in derart verschlüsselter Form ausgetauscht wurden, dass die Obrigkeit weder dem Verfasser noch dem Leser etwas anhaben konnte. Im postrevolutionären Russland wusste man schnell, wie sehr die Kunst – und vor allem die Gegenwartsliteratur – die Stimmung im Volk beeinflussen konnte. Deshalb begann man in der Stalin-Ära, alles, was das geschönte Bild der damaligen Sowjetunion trüben konnte, aus der Öffentlichkeit zu entfernen. Werke bestimmter Autoren durften gar nicht erst erscheinen. So erging es beispielsweise Boris Pasternak mit seinem Roman „Doktor Schiwago", den er 1956 der renommierten Literatur-Zeitschrift „Nowyj Mir" zur Veröffentlichung vorlegte: Er wurde verboten. Aber auch drei Jahre nach dem Tod Stalins, im Jahr des XX. Parteitags, gab es für einen Roman wie „Doktor Schiwago" immer noch keine Chance. Zu weit war das von Pasternak entworfene Gesellschaftsbild entfernt von der offiziellen Sicht, zu beeindruckend seine Darstellung vom Leid der Menschen und den Grausamkeiten der Revolution, zu gewaltig das Aufsehen, das das Werk 1957 bei seinem Erscheinen im italienischen Feltrinelli-Verlag in der ganzen westlichen Welt erregte. Dass „Doktor Schiwago" dann trotzdem illegal in der Sowjetunion verbreitet wurde, war der Auftakt zu einer neuen, „befreiten Literatur". Zwar riskierten kritische Autoren noch immer, verbannt, ausgewiesen oder in Anstalten gesteckt zu werden, doch ihre Manuskripte, Romane, Gedichte, Lieder kursierten im Freundeskreis, unter Bekannten und Nachbarn. Sie wurden abgeschrieben, im Geheimen vervielfältigt und weitergegeben – später auch im Land heimlich gedruckt. Solschenyzin, Nadeshda Mandelstam, Andrej Sinjawski oder eben Boris Pasternak – um nur einige zu nennen – gehörten zu dieser mutigen, freiheitlichen Literaturbewegung, die einen sehr geheimnisvoll klingenden Namen hatte. Der ist dann allmählich – und auch in anderen Ländern – zu einem feststehenden Begriff für verbotene Literatur geworden.

Er leitet sich ab von der russischen Bezeichnung „Samostojatelnoje isdatelstwo", die nichts anderes als einfach „Selbstverlag" bedeutet. Und daraus wurde dann – leicht abgewandelt – weltweit das Synonym für Literatur im Widerstand – SAMISDAT.

→ Best Of

Tödlicher Rein fall

Geschichte 033 Alexander war kein Wunderkind – beileibe nicht. Aber er war eigenwillig, ehrgeizig und von einem besonderen Feuer beseelt. Mit zehn Jahren begann er ein Studium am Pariser Konservatorium, mit 21 ging er zu einem längeren Studienaufenthalt nach Rom. Noch mehr als das Klavierspiel, das er bald bestens beherrschte, reizte es ihn, in genau der Disziplin besonders gut zu sein, in der auch seine berühmten Professoren Zimmermann, Gounod und Halévy brillierten. Und das war die Komposition. Früh schon war er sich der Gefahren bewusst, die in diesem Bereich lauern. „Ich möchte nicht schreiben, was chic ist. Ich will eine Idee haben, bevor ich etwas beginne,“ notierte er in dieser Zeit. Er hatte sich schon an schwierigen Sujets ausprobiert: Seine mit 17 Jahren komponierte Symphonie in C-Dur wurde mit dem Werk des jungen Mozarts verglichen, eine italienische Textoper mit Donizetti. Aber diese Vergleiche machen ihn krank, sein künstlerisches Gewissen rumort: Er will unverwechselbares Eigenes schaffen. Nachdem er mit seinen zwei ersten Opern wenig erfolgreich war – allerdings nicht wegen der Musik, sondern vor allem wegen der wenig dramatischen Thematiken –, versuchte er sich an einer exotisch-orientalischen Romanvorlage von Sir Walter Scott. Das Werk wurde zwar von der Presse wohlwollend aufgenommen, aber trotzdem nach 18 Vorstellungen abgesetzt. Alexandre geriet daraufhin in eine schwere Schaffenskrise, und mit seiner Gesundheit stand es auch nicht zum Besten. Doch plötzlich wusste er, was er schreiben wollte: eine „opéra comique“. Als Vorlage nutzte er eine zeitgenössische Story voller Emotionen und Leidenschaften, eine fast revolutionäre Geschichte um eine starke Frau. Doch die Oper, die heute zu den meist aufgeführten Stücken des Musiktheaters gehört, verursachte bei ihrer Uraufführung im Jahr 1875 in Paris einen Skandal. Obszön, riefen die einen, umstürzlerisch, unseriös, unmusikalisch, die anderen. Auch die Kritiker zerrissen das Werk – die grandiose und mitreißende Zigeuner-Oper, die Alexandre frei nach der Novelle von Prosper Merimé geschrieben hatte.

Den Reinfall seiner „Carmen“ hatte er nicht erwartet, und er verkraftete ihn einfach nicht. In der Nacht erlitt er einen Herzanfall und starb mit erst 37 Jahren – der heute als Schöpfer der erfolgreichsten Oper aller Zeiten gefeierte GEORGE BIZET.

Hausbau andersrum

Geschichte 034 Walter wurde 1883 in Berlin geboren und studierte Architektur – wie sein Vater. Der war zwar nicht sehr glücklich darüber, doch schon bei seinem ersten Auftrag konnte Walter sein Talent beweisen. Er hatte nie vorgehabt, einfach nur am Entwurf eines Bauwerks mitzuwirken, sondern wollte sein Vorhaben stets in allen Details von Anfang bis Ende begleiten. Sein Ziel war es, bei der Konzeption eines Gebäudes zwischen der Idee, dem Entwurf und den handwerklichen Bereichen des Bauens eine Synthese herzustellen. Mit den technischen Gegebenheiten befasste er sich schon vor dem Entwurf, und trotzdem betrachtete er das Ganze vorrangig als eine künstlerische Tätigkeit. 1919 erhielt Walter in Weimar seine erste große Chance: Man war dort von seinen revolutionären Ideen zu der Ausbildung von Architekten so sehr beeindruckt, dass er das Angebot bekam, eine neue Architekturschule zu gründen. Walter akzeptierte, und mit sicherem Instinkt gelang es ihm, erstmalig die Bereiche Kunst, Politik und Verwaltung zu einem gemeinsamen Projekt zusammenzufassen. Es war nur eine seiner Epoche machenden neuen Ideen, dabei mit vorfabrizierten Elementen zu arbeiten. Die mussten am Bauplatz lediglich zusammengesetzt werden, und deshalb förderte er fortan in größerem Umfang die Herstellung solcher Teile. Gleichzeitig animierte er aber seine Schüler, dem leblosen technischen Produkt eine Seele einzuhauchen. Spezielle Bauten der neuen Architektenschule entstanden später auch in Dessau und in Berlin. Sie fielen auf durch ihre dynamische Komposition und hatten oft asymmetrische Grundrisse. Zweckmäßigkeit und Einheit von Kunst und Handwerk war Walters Credo. Er verblüffte mit glatten weißen Außenwänden und mit der horizontalen Anordnung vieler Fenster. Seine neue Architektur zeitigte auch nachhaltige Wirkungen auf die Kunstpädagogik. Doch 1933 war Schluss damit, denn Walters Ideen entsprachen ganz und gar nicht den nationalsozialistischen Idealen. Es blieb ihm nichts anderes übrig: Er emigrierte in die Vereinigten Staaten und wurde dort schon bald Professor an der berühmten Harvard University. Bis heute aber gilt er vor allem als einer der bedeutendsten Architekten seines Jahrhunderts, und die an vielen Orten der Welt hinterlassenen Beispiele seiner Baukunst werden noch immer bewundert.

Walter Gropius – der Mann mit dem Hang zur Vereinfachung – hatte schon 1919 der Weimarer Architekturschule einen sehr typischen, schlichten, aber eingängigen Namen verliehen. In Umkehrung des Begriffs „Hausbau“ nannte er sie einfach BAUHAUS.

→ Best Of

Die Wirkung

Geschichte 035

Er wurde als Sohn eines reichen Waffenfabrikanten in Griechenland geboren. Doch der Vater starb, als der Knabe sieben Jahre alt war. Der Vormund, den der Vater bestimmt hatte, entpuppte sich als übler Betrüger. Er steckte das nicht unbedeutende Vermögen des Kindes in die eigene Tasche, und als der Jüngling volljährig wurde, gab es nichts, aber auch gar nichts mehr zu erben. Der junge Mann hatte zudem eine schwächliche Konstitution.

der Kiesel

Er konnte die gymnastische Ausbildung, die für Heranwachsende aus der Oberschicht unentbehrlich war, nicht erfolgreich absolvieren. Außerdem hielt man ihn von klein auf für nicht besonders intelligent, denn beim Sprechen stotterte und stockte er und brachte die Worte nur schwer heraus. Später aber hatte er ein klares, unbeirrbares Ziel vor Augen. Und er hatte einen eisernen Willen, mit dem er seine Absichten ganz konsequent verfolgte. Zunächst einmal wollte er den Vormund, der ihn um sein Erbe betrogen hatte, vor Gericht bringen. Um aber in einem Prozess auftreten zu können, musste er als erstes sein Redetalent schulen. Mit eiserner Energie übte er das Sprechen. Er verschanzte sich in einem unterirdischen Raum, rasierte seinen Kopf zur Hälfte kahl, damit er nicht in Versuchung kam, sich in der Öffentlichkeit zu zeigen und ablenken zu lassen. Er legte sich Kieselsteine auf die Zunge und übte stundenlang, dennoch präzise und akzentuiert zu sprechen. Er ging bei Sturm an den Strand und versuchte, mit seiner Stimme das Meer zu übertönen. Tatsächlich gelang es ihm mit unendlicher Geduld, Sprache und Stimme deutlich zu verbessern. Nun nahm er den Prozess gegen seinen Vormund auf. Das Ergebnis brachte ihm zwar keine Reichtümer ein, aber die Gerichtsverhandlung hatte ihm zu einem nicht zu unterschätzenden Erfahrungsschatz in der Rede- und Debattierkunst verholfen. Bald schlug er die politische Laufbahn ein und bekämpfte vor allem die machtbesessene Einflussnahme Philipps II. auf die griechischen Freistaaten. Seine Redekunst wurde gerühmt, sowohl für ihre formale Qualität als auch für ihr hinreißendes Pathos, das ihn außerdem als glühenden Patrioten und hervorragenden Staatsmann auszeichnete.

Seine Ausdauer war also nicht umsonst gewesen. Und wegen der in die Geschichte eingegangenen Reden des Demosthenes gegen Philipp II. von Mazedonien bezeichnen wir eine eindrucksvoll flammende Schmährede noch heute als PHILIPPIKA.

→ Best Of

Bessere Sicht

Geschichte 036 Im Süden der Vereinigten Staaten von Amerika war die Welt zu Beginn des 20. Jahrhunderts eindeutig von Männern dominiert. Frauen hatten hübsch zu sein, Kinder zu bekommen und den Haushalt in Schuss zu halten. Mary Anderson hätte auch eine dieser typischen „Southern Beauties" sein können. Doch das übliche „Kirche, Küche, Kinder" genügte ihr nicht. Zwar war sie keine Revoluzzerin, und es kümmerte sie nicht wirklich, dass die Frauen kein Wahlrecht hatten. Sie genoss es durchaus, im bodenlangen Samt- oder Seidengewand Mittelpunkt der lokalen Society zu sein. Dennoch war Mary eine moderne, selbständige Frau mit wachem Verstand. Immer wieder entfloh sie der Langeweile des verschlafenen Alabamas und machte sich für einige Tage auf in die Weltstadt New York. Dort setzte sie sich in die Straßenbahn und fühlte sich ausgesprochen wohl, wenn sie die vielen geschäftigen Menschen, die Droschken und Pferdekutschen im Gewimmel der Großstadt beobachten konnte. Als Mary Anderson an einem trüben, regnerischen Wintertag des Jahres 1903 wieder einmal eine ihrer Runden durch New York drehte, sah sie etwas, was ihr so schnell nicht mehr aus dem Kopf ging. Der Regen war in Schnee übergegangen, und Mary beobachtete, dass der Fahrer ihres „streetcar" hin und wieder das Fahrzeug verließ und – bibbernd vor Kälte – die Windschutzscheibe zu reinigen versuchte. Den Besitzern der wenigen Automobile blieb eine ähnliche Prozedur nicht erspart. Mary überlegte und begann noch während der Straßenbahnfahrt zu zeichnen. Bald schon hatte sie ihre Idee in einen realisierbaren Konstruktionsplan umgesetzt. Es existierten zwar damals einige andere Vorschläge zur Lösung des von ihr in New York beobachteten Problems. Doch Mary Andersons Idee war die erste, die als voll funktionsfähig galt. 1904 ließ sie sich ihre Erfindung patentieren. Doch zunächst glaubten die Autohersteller, die neue Technik würde die Fahrer nur ablenken, und es dauerte zehn Jahre bis zur kommerziellen Nutzung.

Was die Südstaaten-Schönheit Mary Anderson 1904 erfunden hatte, war eine bewegliche Vorrichtung, mit der Windschutzscheiben von Fahrzeugen aller Art – zunächst noch im Handbetrieb – von Regen und Schnee befreit wurden, der erste SCHEIBENWISCHER.

Inter nationale Beziehungen

Geschichte 037 Im Juni 1963 machte ein Sexskandal Schlagzeilen und erschütterte die Politszene Großbritanniens. Ein Callgirl namens Christine Keeler hatte sich an John Profumo – den britischen Verteidigungsminister – herangemacht und mit ihm ein Verhältnis gehabt. Daraufhin verlor Profumo natürlich seinen Posten. Aber er wäre wohl so oder so geschasst worden. Bald kam nämlich heraus, dass Christine nicht nur mit ihm verkehrt hatte, sondern auch mit dem Militärattaché der Sowjetbotschaft, Jewgenij Iwanow. Dann wurde aber auch noch ruchbar, dass es dieser Iwanow war, der nicht nur Christine Keeler, sondern auch noch zwei weitere Damen – die Tschechin Maria Nowotny und die Chinesin Suzy Chang – auf Profumo angesetzt hatte. Und zwar, um ihm die Geheimnisse der britischen Nuklearpolitik zu entlocken. Diese delikate Angelegenheit sorgte in den Frühsommertagen des Jahres 63 weltweit für Aufsehen. Deshalb konnte man davon ausgehen, dass sie auch bei einem Treffen zweier äußerst hoch gestellter Persönlichkeiten zur Sprache kam. Einer der beiden war der britische Premierminister Harold MacMillan, der wenig später selber in den Strudel der Ereignisse dieser Skandalgeschichte hineingerissen wurde. Es ist kaum anzunehmen, dass ihm sein Gast – den er im Übrigen im privaten Rahmen seines Hauses in Surrey empfing – mitgeteilt hat, dass auch er mit im selben Boot gesessen hatte. Doch ausgerechnet an dem Tag, an dem sich dieser Mann mit MacMillan traf, erschien in einer Zeitschrift ein Artikel mit noch mehr Details zu diesem Thema. Es wurde behauptet Maria Nowotny – das eine der Callgirls – hätte in London ausgesagt, dass Suzy Chang – die Dritte im Bunde – auch etwas mit einem Angehörigen der britischen Regierung „gehabt hätte". Später gab Maria Nowotny zu, sie selbst sei es gewesen, die einmal zu einer Sexparty eingeladen war, zu der sie auf Wunsch des Veranstalters als Krankenschwester verkleidet erscheinen musste. Auf Druck höchster Kreise wurde die Sache zwar in der Öffentlichkeit nicht weiter verbreitet. Doch trotzdem ist dann später einiges aus diesem Umfeld in den FBI-Akten des Jahres 1963 aufgetaucht. Und das gilt als Bestätigung dafür, dass es MacMillans Besucher war, der – nachdem er die Details des Profumo-Skandals erfahren hatte – sofort zum Telefonhörer griff und eine Nachrichtensperre verlangte.

Denn der Mann, dem die beiden international aktiven Callgirls Maria Nowotny und Susy Chang ebenfalls – wenn auch vor seinem Amtsantritt – zu Diensten gewesen sein sollen, war kein anderer als der spätere US-Präsident JOHN F. KENNEDY.

Spielberg lässt grüßen

Geschichte 038 Vor kaum 200 Jahren hat man erst entdeckt, dass es diese Lebewesen überhaupt einmal gegeben hat. Doch seitdem haben immer wieder neue Funde und Details über diese frühen Mitbewohner unseres Planeten das Interesse der Menschen erweckt. Es war hauptsächlich ihre unfassbare Größe und die unglaubliche Vielfalt ihrer Erscheinungsformen, die unsere Vorfahren faszinierten! Und natürlich auch die Tatsache, dass es sie gar nicht mehr gab. Nachdem 1884 tatsächlich die ersten Skelettfunde gemacht worden waren, rekonstruierte man die verschiedensten Exemplare, und es entstanden diverse Mutmaßungen und Theorien über ihr Paarungsverhalten sowie ihre Brutpflege. Natürlich auch über den Grund ihres plötzlichen Verschwindens von der Erde, vor allem aber über ihre Gattungszugehörigkeit. Eines wurde sehr bald als abwegig erkannt, nämlich dass es sich bei ihnen um so etwas wie übergroße Eidechsen oder andere Kriechtiere handeln könnte. Fest stand, dass auch Reptilien, Schildkröten und Krokodile nur sehr weit entfernte Verwandte dieser Urviecher waren. Aber sie wurden von den Paläontologen mangels anderer erklärbarer Zugehörigkeit einfach als „Dinosaurier" bezeichnet – was so viel wie Schreckens-Echsen heißt. Die hervorstechenden Merkmale, die diese Dinosaurier von ihren Verwandten unterscheiden, sind besondere Hüftknochen- und Fußknöchelkonstruktionen, die ihnen schnelle, aufrechte Bewegungen ermöglichten, und die sehr spezielle Art und Weise wie sie ihre Beute verschlangen. Eine kleine indonesische Insel hat inzwischen den dortigen Tourismus mit einer besonderen Attraktion angekurbelt. Man kann von einer der Nachbarinseln aus Bootsfahrten dorthin buchen, um bei einer Szene wie der folgenden das Gruseln zu lernen: Aus dem Dickicht von Palmen und Unterholz stürmt mit circa vierzig Stundenkilometern ein drei Meter langes, wie ein vorsintflutlicher Drache aussehendes Ungetüm und schnappt sich eine mitgebrachte Ziege. Das Monster packt die Ziege mit den Zähnen in der Mitte des Leibes und schleudert sie – auf den Hinterbeinen stehend – mehrfach auf den Boden, um sie dann erstaunlicherweise in einem Stück hinunter zu würgen. Dabei weitet sich der Kehlsack überdimensional aus. Nein, dieses Ereignis ist keineswegs ein Phantasie-Produkt der Unterhaltungsindustrie. Es bestätigt nur eine oft angezweifelte Tatsache.

Zwar ist der zoologische Name der Tiere falsch. Doch der so genannte „Komodo-Waran" ist trotzdem einer der wenigen noch auf unserer Erde lebenden Verwandten der ansonsten seit 130 Millionen Jahren als ausgestorbenen geltenden Spezies der DINOSAURIER.

→ Best Of

Chicos

Geschichte 039 Es war nicht gerade ein trautes Heim, in dem der kleine Uwe aufwuchs. Ohne großen Erfolg versuchte ihn seine verbitterte Mutter vor dem ständig betrunkenen Stiefvater zu schützen. Das verstörte Kind zog sich immer mehr zurück, nur von Tieren fühlte es sich verstanden. So oft er konnte, fuhr der Junge in den Bremer Zoo. Hier lebte Chico, ein Gepard, dem keiner der Tierpfleger zu nahe kommen mochte.

Atlantik reise

Doch irgendwie schaffte es der kleine Uwe, das Vertrauen der Raubkatze zu gewinnen, und schließlich konnte er sie sogar an der Leine durch den Tierpark führen. Nachdem Uwe die Schule beendet hatte, musste er sich allerdings von Chico trennen, denn er hatte sich zur Berufsausbildung auf einem Luxusliner anheuern lassen. Kaum war das Schiff wieder im Heimathafen vor Anker gegangen, besuchte Uwe seinen Gepard im Zoo. Und er schwor, sich nie mehr von Chico zu trennen. Tatsächlich gelang es Uwe, die Raubkatze – in einem Wäschesack versteckt – an Bord zu schmuggeln, denn er hatte einen ganz bestimmten Plan. Auf seiner ersten Überfahrt nach Amerika hatte er einen jungen Oberbayern kennengelernt. Es hatte vom ersten Augenblick an so etwas wie eine Seelenverwandtschaft zwischen ihnen bestanden. Genau wie Uwe hatte auch der Bayer in seiner Kindheit nichts zu lachen gehabt. Er war 1939 in Rosenheim geboren. Die Mutter musste ihre drei Kinder allein großziehen, denn der Vater ersäufte die Schrecken des Krieges in Alkohol. Der heranwachsende Junge wäre am liebsten weggelaufen, blieb aber bei der Mutter und machte eine Ausbildung als Teppichweber. Doch gleich nach der Lehre verließ er Rosenheim und verdingte sich als Tellerwäscher, Kellner und Barkeeper. Nebenbei unterhielt er die Gäste mit kleinen humoristischen Einlagen. So kam es, dass er schließlich als Alleinunterhalter auf einem Kreuzfahrtschiff landete. War es Zufall oder Schicksal, dass Uwe auf dem gleichen Luxusliner angeheuert hatte, auf dem der Rosenheimer in seiner Show trickreich Hasen und Tauben verschwinden ließ. Warum sollte es ihm eigentlich nicht auch mal mit einem Gepard gelingen? Der Versuch klappte, und die Nummer der beiden war lange Zeit der große Hit. Chico verbrachte sein Leben im Rampenlicht.

Später verschwanden noch diverse andere Raubkatzen in ihren glamourösen Shows, wo sie anfangs unter ihren bürgerlichen Namen Siegfried Fischbacher und Uwe Ludwig Horn auftraten. In ihren berühmten Las Vegas-Shows hießen sie einfach SIEGFRIED & ROY.

→ Best Of

Ziemlich riskante Einsparung

Geschichte 040 Grace Murray Hopper ist 80 Jahre alt, als sie aus der US-Navy ausscheidet. „Amazing Grace" wurde die Mathematikprofessorin von ihren Bewunderern genannt, und sogar ein Kriegsschiff der amerikanischen Marine trägt ihren Namen. „Wenn eine Idee gut ist, dann musst du sie einfach umsetzen", war immer ihr Motto gewesen. Und sie hatte wirklich vieles verwirklicht, was ihr wiederum viele Auszeichnungen und Ehrungen eingebracht hatte. Unter anderem erhielt Grace auch den kuriosen Titel „Man of the Year". Und Präsident Bush überreichte ihr schließlich die höchste amerikanische Auszeichnung für Verdienste um den technischen Fortschritt, die „National Medal of Technology". Dabei ist es für die Professorin der Mathematik anfangs gar nicht so einfach gewesen, überhaupt bei der Marine aufgenommen zu werden. Im Alter von 37 Jahren war sie eigentlich zu alt und galt mit einem Gewicht von 52 Kilogramm noch dazu als stark untergewichtig. Dennoch hatte sie ihr Ziel erreicht und war 1943 bei der US-Marine gelandet. Der patriotische Dienst brachte Grace dann aber zurück an die University of Harvard, wo sie den ersten amerikanischen Computer programmierte. Tausende diffiziler Maschinenbefehle wurden von ihr auf Lochkarten gestanzt – eine komplizierte Tätigkeit, die höchste Konzentration und großes Fachwissen erforderte. Grace, die sich das Ziel gesetzt hatte, diese Arbeit zu vereinfachen, stellte 1952 mit „Compiler" die erste Programmiersprache vor, die in der Lage war, Befehle in normaler Anwendersprache anzunehmen und selbsttätig in Computercodes um zu wandeln. In dieser Richtung arbeitete Grace dann unaufhörlich weiter, bis sie 1959 „COBOL" präsentieren konnte – die Computersprache, die sich im letzten Jahrhundert zu der am weitesten verbreiteten Programmiersprache der Welt entwickelte. Doch ihr System hatte dennoch einen Haken. Weil die frühen Rechner Informationen nur begrenzt erfassen konnten, hatte „Amazing Grace" 1952 ganz generell zwei Speicherplätze einsparen müssen. Ende des Jahres 1999 wurde das zum Problem. Es hätte sein können, dass die Computer die Umstellung von „99" auf „00" als Rückschritt begreifen würden.

Bis zum 1. Januar 2000 war nicht sicher, ob nicht Grace Murray Hopper die Computer der ganzen Welt mit ihrer Einsparung stark in Bedrängnis bringen würde. Doch wunderbarerweise blieb es aus: das befürchtete Chaos der MILLENNIUMSPANNE.

Verliebter Kardinal

Geschichte 041 Königin Marie Antoinette hatte immer schon eine Abneigung gegen Kardinal Louis de Rohan gehegt. Sie wusste, dass er 1774 aus Wien abberufen worden war, weil er das Missfallen der Kaiserin Maria Theresia erregt hatte. Der Kardinal aber war ganz versessen auf ihre Gunst. Doch keiner seiner Versuche, sie zu treffen, hatte bisher Gehör gefunden. Eines Tages aber versprach ihm eine der Hofdamen der Königin, die Comtesse de la Motte, ein heimliches Rendezvous im Schlosspark zu arrangieren. Als der Kardinal Marie Antoinette auf sich zukommen sah, warf er sich ihr zu Füßen, um ihr seine Verehrung – ja – seine Liebe zu offenbaren. Doch sie wandte sich ab und verschwand auf der Stelle. Noch zweimal kamen ähnliche Begegnungen zustande. Aber ohne dass es ihm je möglich gewesen wäre, mit der Königin zu reden, geschweige denn ihr wirklich nahe zu kommen. Er wäre bereit, alles für sie zu tun, hatte er der Gräfin de la Motte gestanden – wirklich alles. Marie Antoinette würde sich ihm vielleicht eher zuwenden, verriet ihm die Gräfin, wenn er ihr einen ganz bestimmten Diamantschmuck zukommen ließe. Die Gräfin selber erklärte sich bereit, ihr das Geschenk zu gegebenem Anlass zu überreichen. Außerdem sollte Rohan der Königin etwas Geld zur Verfügung stellen, um es an die Armen von Paris zu verteilen. Der Kardinal war bereit, der Königin seine Liebe zu beweisen und ließ ihr über die Gräfin eine nicht unbeträchtliche Summe zukommen. Ohne Zögern erwarb er auch das sündhaft teure Kollier, das sie sich so sehr wünschte. Marie Antoinette hat dieses Geschmeide nie bekommen. Und genauso wenig hat Kardinal Rohan seine Angebetete jemals persönlich getroffen. Es ist sogar sehr wahrscheinlich, dass die Königin von all dem gar nichts wusste. Die Frau, die der Kardinal stets nur von ferne getroffen hatte, war eine von der Gräfin engagierte, schauspielernde Prostituierte, die als Marie Antoinette verkleidet war. Auch das Armen-Geld hatte die Gräfin de la Motte in die eigene Tasche gesteckt, und sie war es, die den Schmuck, der 1785 die Affäre um die Königin auslöste, in London verkauft haben soll. Ganz Paris lachte über den irregeführten, verliebten Kardinal. Dennoch glaubte man überall, die Königin sei an der Sache beteiligt gewesen. 1789 wurde die Bastille gestürmt, um der Ausbeutung des Volkes ein Ende zu setzen. Marie Antoinette starb auf dem Schafott.

So wurde die Französische Revolution, die ganz Europa erschütterte, zwar nicht ausgelöst, aber wohl beschleunigt durch den von der Comtesse de la Motte raffiniert eingefädelten Betrug um die Königin – die so genannte HALSBAND-AFFÄRE.

→ Best Of

Zum Ruhm der

Geschichte 042

Noch heute schätzt und bewundert man Leo vielerorts, denn er war ein unermüdlicher Wahrheitssucher und versuchte stets, dem Sinn des Lebens auf die Spur kommen. Dabei setzte er sich oft polemisch mit den herrschenden Gesellschaftsstrukturen auseinander und kämpfte sein Leben lang mit seinen ganz eigenen Mitteln gegen falsche Moral und soziale Ungerechtigkeit. Davon gab es zu seiner Zeit – in der zweiten Hälfte des 19. Jahrhunderts – wahrlich genug.

Nationalkultur

Leo war ein studierter Mann, aber er war in jungen Jahren auch Offizier gewesen und hatte am Krieg teilgenommen. Später gründete er dann eine Schule für Bauernkinder, kam aber 1878 wegen der katastrophalen Zustände in seinem Land in eine schwere religiöse Krise. Schließlich glaubte er, in einem rationalistisch geprägten, sehr rigorosen Urchristentum und in strenger Befolgung der Bergpredigt für sich die richtige Lebensweise gefunden zu haben. Die Hinwendung zu Einfachheit, Barmherzigkeit und Friedfertigkeit – die er aber durchaus aggressiv vertrat und verteidigte – brachte ihm viel Schmach und Ärger ein. Doch vor allem seine Wahrheitsliebe war und blieb seine Leben lang eine seiner hervorstechenden Eigenschaften. Und so war es wohl unvermeidlich, dass er auch die Unterstützung, die von Seiten der russischen Amtskirche dem unmenschlichen Justizsystem des Zaren zuteil wurde, lauthals anprangerte. Daraufhin wurde er offiziell exkommuniziert. Ein ähnlicher Gerechtigkeitssinn wie der seines Urgroßvaters Leo hat dann auch Leos Urenkel Wladimir zu einem ungewöhnlichen Schritt veranlasst: Laut einer ITAR-TASS-Agenturmeldung hat Wladimir kürzlich dem russisch-orthodoxen Patriarchen Alexi II. einen offenen Brief geschrieben, in dem er darauf aufmerksam machen wollte, dass die Verdienste seines Urgroßvaters – trotz dessen Kritik an der Kirche – inzwischen überall auf der Welt voll anerkannt wären. Für die Kirche stünde doch inzwischen generell fest, dass ein orthodoxer Gläubiger „nicht von Gott zu trennen“ sei. Und das müsse auch für jenen Genius und Propheten gelten, der auf seine eigene Weise fromm gewesen sei. Es gehe hierbei um Stolz und Ruhm der Nationalkultur, weshalb dessen im Februar 1901 verhängte Exkommunizierung wegen Blasphemie endlich aufgehoben werden müsse, da die Menschheit inzwischen „ein höheres Niveau der Toleranz erreicht habe“.

Der Bannspruch war verhängt worden wegen angeblich blasphemischer Passagen in dem 1899 erschienenen Roman „Auferstehung“, geschrieben von Wladimirs weltberühmtem Urahn, dem großen russischen Romancier LEO NIKOLAJEWITSCH TOLSTOJ.

→ Best of

Dumm gelaufen

Geschichte 043 Manch eine historische Entscheidung zeitigt noch Jahrzehnte später zunächst unabsehbare Folgen. So kann es passieren, dass ein Land gerade auf dem Gebiet, auf dem es eine führende Rolle einnimmt, durch eine einzige Fehleinschätzung zur Bedeutungslosigkeit herabsinkt. Wie erst viel später hierzulande bekannt wurde, hatten die Briten kurz nach dem Zweiten Weltkrieg die historisch einmalige Chance, sich als Kriegsbeute völlig berechtigt die Konstruktionsunterlagen eines Produkts zu sichern, das sehr bald schon zu Weltruhm gelangen sollte. Aus einem lange Zeit unter Verschluss gehaltenen, im Auftrag des Londoner Transportministeriums vom „British Intelligence Sub-Committee" erstellten Gutachten geht hervor: Das fragliche Produkt war 1947 von Experten der Unternehmen Rootes, Humber, A.C. Cars, Ford, Singer und Solex verschiedenen technisch aufwändigen Tests unterzogen worden. Allerdings an einem nicht ganz einwandfrei funktionstüchtigen Exemplar. Das hatte die Experten aber offenbar nicht gestört. Vielleicht hatten sie sich aus generellem Desinteresse nicht die Mühe gemacht, den vorhandenen Schaden zu reparieren. So war es nicht verwunderlich, dass dem fraglichen Produkt daraufhin gravierende Mängel bescheinigt wurden – beispielsweise eine extreme Lärmbelästigung. Deswegen glaubte man, es sei damit – weder zivil noch militärisch – ein Geschäft zu machen. Es hieß, das Fabrikat könne mit den etwa gleichartigen einheimischen Modellen keineswegs mithalten. Vor allem aber würde sich eine serienmäßige Herstellung auf die Dauer nicht lohnen. Daher stoppte der britische Major Ivan Hirst die kurz zuvor schon ins Auge gefasste Produktion. Man könnte boshaft behaupten, mit der gravierenden Fehlentscheidung, dem fraglichen Produkt keine Zukunft einzuräumen, hätten die Briten sich selbst eine schwere Niederlage eingehandelt. Jenes Produkt, das sich deutlich von den konventionell gefertigten Konkurrenten unterschied, hätten sie nur zu gut brauchen können. Lange Zeit hat es nämlich – bis auf ein paar kleine Manufakturen – keinen unabhängigen britischen Hersteller auf diesem Sektor gegeben. Die Briten waren wohl 1945 zu sehr von der eigenen Überlegenheit überzeugt gewesen und übersahen die geniale Konstruktionsidee, die jenem als Reparation abgelehnten Fahrzeug zugrunde lag.

Kaum zu glauben, aber bei diesem von den Briten seinerzeit verschmähten Produkt, das sich in der Folgezeit quasi zum „Dauerläufer" entwickelte, handelte es sich um ein fast alle Rekorde schlagendes Automobil: um den berühmten VW-KÄFER.

Späte Heimkehr

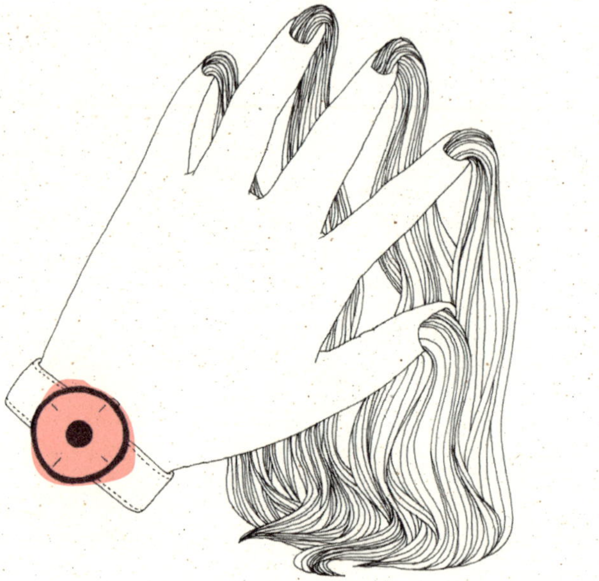

Geschichte 044 König sei man nur, wenn man wirklich frei sei, hatte Friedrich der Große apodiktisch behauptet. Doch dieser Spruch, der früher in allen Schulbüchern zu lesen stand, fiel dem Preußenkönig ausgerechnet in einem für ihn recht brenzligen Moment ein: Er war gerade mitten im Krieg und musste – mit Recht – um sein Leben bangen. Doch die Schlacht wurde gewonnen. Und dieser Umstand bewahrte des Königs Lieblingsbaumeister und guten Freund Georg Wenzeslaus von Knobelsdorff vor dem vorzeitigen Bau eines Mausoleums in Rheinsberg. Denn nur dort – so forderte es die Weiterführung von König Friedrichs Ausspruch – hätte seine Urne aufbewahrt werden dürfen „...wie die von Horaz in Tuskulum". Da Friedrich 1841 doch nicht zu Tode kam, sondern so frei leben konnte, wie er wollte, musste von Knobelsdorff zunächst noch einige andere Bauwerke zu Ehren und Nutzen seines anspruchsvollen Herrschers errichten. Unter anderem entstanden die Berliner Oper und Friedrichs geliebtes Lustschloss Sanssouci, nahe Potsdam. Noch viele Kriege sollten den damals gerade frisch angetretenen König während seiner nächsten vierzig Lebensjahre beschäftigen. Aber – wie allgemein bekannt – widmete sich Friedrich der Große außerdem emsig den schönen Künsten. Und auch der Philosophie und der französischen Sprache, in deren Umgang er sich mit seinem hoch geschätzten Freund, dem Philosophen Voltaire, nur zu gern übte. Um aber auch dem Volk die hehre Kunst ein bisschen näher zu bringen, gab Friedrich seinem Freund und Baumeister von Knobelsdorff den großzügigen Auftrag für die Aufstellung einer Anzahl von mythologischen Skulpturen rund um den so genannten „Großen Stern" – jene große Straßenkreuzung im Bezirk Tiergarten. Diese Statuen wurden schnell zu einem ganz besonderen Anziehungspunkt für die Berliner. Allerdings war der Weg dorthin für manchen Kunstbeflissenen ganz schön weit und zeitaufwändig, denn die öffentlichen Verkehrsmittel waren noch rar. Und die einfachen Leute gingen schon aus Kostengründen meistens zu Fuß. Bald schon hatte der typisch schnoddrige Berliner Volksmund jenen auffälligen Sandsteinfiguren einen etwas verunglimpfend klingenden, aber andererseits gar nicht so unpassenden Namen gegeben.

Wenn manchmal die Rede ist von einem unerträglich langen Weg, einer durchfeierten Nacht oder einer abendlichen Veranstaltung, die erst am frühen Morgen endet, dann sagt man noch heute – und nicht nur in Berlin: Das ging ja mal wieder „BIS IN DIE PUPPEN".

Kein Kinderspiel

Geschichte 045 Was wäre, wenn...? Diese im Allgemeinen recht müßige Frage stellt sich in dem einen oder anderen Falle fast zwangsläufig. Dann nämlich, wenn die Konsequenzen kaum ausdenkbar wären. Wenn beispielsweise die Eltern eines etwa dreizehnjährigen Jungen nicht ausgegangen gewesen wären, als er eines Tages begann, mit den vom letzten Sylvester übrig gebliebenen Feuerwerkskörpern Experimente zu machen, dann...? – Tja, dann würde die Welt heute vielleicht anders aussehen. Den Jungen interessierte an dem Feuerwerk allerdings nicht so sehr der Knalleffekt. Es ging ihm mehr um die grundsätzlichen Strukturen von Technik und Energie. Da die wohlhabenden Eltern seinen ausgefallenen Experimenten gegenüber eher skeptisch waren, machte er seine etwas waghalsigen Experimente lieber in ihrer Abwesenheit. So saß er dann eines Tages mit einigen Feuerwerkskörpern und einem Spielzeugauto vor der Haustür und tüftelte: Es lag ihm nichts daran, die Dinger nur einfach in die Luft zu jagen. Er wollte etwas ausprobieren, wollte etwas bewegen. Wenn schon eine dieser Raketen hoch in die Luft flog, wie viel höher würde dann ein ganzes Bündel fliegen! – Wenig später riefen zu Tode erschreckte Leute, die hundert Meter weiter unten in der Straße wohnten, die Polizei. Sie erklärten, es hätte direkt vor ihrer Tür eine heftige Explosion gegeben. Die Polizisten waren höchst verwundert über den offenbar gestörten Halbwüchsigen, der immer nur stammelte: „Ja, es stimmt, es stimmt! Es hat wunderbar funktioniert!“ Da seine Eltern – wie gesagt – nicht da waren, nahm die Polizei ihn erstmal mit. Das hat ihn aber nicht davon abgehalten, wenige Jahre später Karriere zu machen: Per promovierte mit 22, und bald darauf war er schon Leiter eines nationalen Forschungsprojekts. Dann geriet er zwar unter einem weltweit verfemten Regime etwas in die Bredouille. Aber schließlich holten ihn sich die USA als den einzig kompetenten Mann für ihre wahrhaft hochfliegenden Pläne. Für ihn war es nur die überdimensionale und sozusagen „spacemäßige“ Fortsetzung seines Experiments mit den Feuerwerkskörpern und dem daran befestigten kleinen roten Spielzeugauto, das er als Teenager in die Luft gejagt hatte.

Seine frühen Erkenntnisse beim Kinderspiel führten später zum Bau der „Saturn-5-Rakete“ im Raumfahrtprogramm der USA, ohne die es keine Mondlandung gegeben hätte. Der kleine kreative Bastler war nämlich der geniale WERNHER VON BRAUN.

→ Best Of

Unent wirr bare Ver

Geschichte 046 Was wurde nicht alles gemunkelt und vermutet, als 1972 nach knapp dreijähriger Amtszeit die sozialliberale Koalitionsregierung unter Willy Brandt wegen einiger Überläufer zu platzen drohte. Eigentlich hatte man zuvor auf christdemokratischer Seite mit einer sicheren Mehrheit für den eigenen Kanzlerkandidaten, Dr. Rainer Barzel, gerechnet. Aber statt der erwarteten 249 Stimmen bekam der dann nur 247, und Willy Brandt blieb an der Macht. Noch am gleichen Tag – dem 27. April 1972 – wurde damit begonnen, die Hintergründe zu klären. Wie hatte es dazu kommen können, dass Brandt aus dem Lager der Union mindestens drei zusätzliche Stimmen erhalten hatte? Waren es bayerische Barzel-Gegner, waren es Freie Demokraten ohne Parteidisziplin gewesen? Oder – viel schlimmer noch – irgendwelche mit Geld geköderten Verräter? Die Gerüchteküche kochte: Es hieß, man hätte den FDP-Abgeordneten Erich Mende mit irgendwelchen geheimen Druckmitteln zur Stimmabgabe für Brandt veranlasst. Dann sickerte durch, dass auch Egon Bahr seine Finger im Spiel gehabt hätte. Schließlich aber gab der CDU-Abgeordnete Julius Steiner freiwillig zu, für Willy Brandt gestimmt zu haben. Gleichzeitig beschuldigte er aber den SPD-Fraktionsgeschäftsführer Karl Wienand der aktiven Bestechung.

Der Überbringer dieses Geldes war pikanterweise der Memoirenschreiber gewesen, der jetzt den genauen Tatbestande aufdeckte: Markus Wolf, der Leiter der Auslandsaufklärung des Ministeriums für Staatssicherheit der DDR – der so genannten STASI.

Da der später immer mehr zu einer zwielichtigen Figur wurde, blieb der Verdacht auch in dieser Angelegenheit an ihm hängen. Damit schien nun die Urheberschaft der SPD in diesem Fall unrühmlich geklärt zu sein. Wienand kam dann 1976 auch noch unter dem Verdacht, für die DDR spioniert zu haben, vor Gericht. Und da es hier wie dort finanzielle Motive gab, zweifelte keiner mehr daran, dass es die SPD war, die die Stimmen für Willy Brandt gekauft hatte. 1997 erschienen die „Memoiren" eines DDR-Prominenten, und die Bundesanwaltschaft bestätigte dann, was dort über den Fall zu lesen war: Nämlich, wer in Wirklichkeit den Unionsabgeordneten dazu gebracht hatte, gegen Rainer Barzel zu stimmen. Und erst da kam heraus, dass es weder Karl Wienand noch die SPD gewesen waren, die im eigenen Interesse und mit üblen Machenschaften den Regierungswechsel verhindert hatten. Der Überläufer war tatsächlich der CDU-Mann Julius Steiner. Er hatte – allerdings nicht von Wienand –, sondern von der DDR für seine Dienste 50.000 Mark erhalten.

strickungen

Geschichte 047

Heute kann ein Großteil aller europäischen Staaten auf eine mehr als tausendjährige Geschichte zurückblicken. Es gibt aber auch Völker, die schon vor Hunderten von Jahren für immer von der Landkarte verschwunden sind. Wechselvolle Schicksale also, die meist mit der Völkerwanderung zusammenhingen.

Rätsel

Oder mit Kolonialisierungen, die keineswegs nur außereuropäische Regionen durcheinander brachten. Beispielsweise wurde im 12. und 13. Jahrhundert vermehrt mit der so genannten Ostkolonisation begonnen, die hauptsächlich vom Deutschen Ritterorden ausging. Im Zuge dieser oft christlich motivierten Eroberungen wurde erstmals ein in dieser Gegend ansässiger Volksstamm aktenkundig, dessen Name später von großer Bedeutung sein sollte. Doch kaum war dieses Volk aufgetaucht, wurde es schon wieder still um diese Region. Die christlichen Eroberer hatten – wie auch die meisten anderen Usurpatoren – mit den im Siedlungsgebiet Ansässigen nicht viel Federlesen gemacht. Es sollte eben Neuland geschaffen werden, Raum für die Stärkeren, die so genannten Zivilisatoren. Die brachten das Christentum und unterdrückten gewaltsam die angeblich unterentwickelten Kulturen. Heidnische Bräuche und Regeln, fremdartige Namen, ungewohnte Physiognomien verschwanden, und zwar größtenteils durch Überwanderung. Dennoch haben einige der Eroberer nach starker Dezimierung jenes Ostvolks ausgerechnet den Namen der Unterworfenen angenommen – ein in der Geschichte sonderbarer und seltener Vorgang. Als sich zu Beginn des 18. Jahrhunderts ein neuer Staat konstituierte, wurde genau dieser übernommene Name wiederum aufgegriffen, obwohl die meisten der neuen Provinzen gar nicht oder nur marginal zum Bereich des eigentlichen Stammlandes gehörten. Nun aber wurde ein Bedeutungswandel vollzogen: Aus jener Landschafts- und Stammesbezeichnung machte man einen Staatsnamen, der eine Zeitlang für mehr als zwei Drittel aller Deutschen galt. Friedrich Wilhelm, dem Großen Kurfürst, gelang es, im Jahr 1701 seine Staatsvision zu verwirklichen, indem er gemeinsam mit den Hohenzollernfürsten durch Familien-, Erb- und Hausmachtpolitik ein Großreich schuf. Es hätte Brandenburg heißen können, Rheinland oder Hohenzollern. Der Großstaat im Nordosten Deutschlands erhielt aber einen völlig anderen, recht eigentümlich klingenden Namen.

Noch heute verbindet man ein bestimmtes, diszipliniertes Deutschtum mit diesem Namen. Verwunderlich ist, dass ausgerechnet jenes seit Jahrhunderten ausgerottete Ostseevolk dafür Pate stand: Einst hieß es „Pruzzen", und daraus wurden dann die PREUßEN.

→ Best of

Ab in die Versenkung

Geschichte 048 Der Mann ist ein Meister der Illusion, ebenso genial wie egomanisch. Bis zum Exzess ringt er um die perfekte Darstellung seiner Schöpfungen. Dabei geht es ihm nicht nur um die bestmögliche akustische Wirkung oder um die Einmaligkeit der Inszenierung. Er will auch jedwede profane Ablenkung ausschließen. Nichts soll den Vortrag und das Gebärdenspiel stören, nichts die Entrückung seiner Fan-Gemeinde gefährden. Und der Meister träumt von einem eigenen „Musentempel", einem ganz neu zu entwerfenden Raum, der nur dem andächtigen Erleben seines Werks dienen sollte. Er müsste ohne jedes überflüssige architektonische Dekor gebaut sein. Der großzügige Saal sollte keine Mittelgänge haben, weder Balkone noch Seitenlogen und mit seinen ansteigenden Sitzreihen aus einfachem Holz an die Amphitheater der griechischen Antike erinnern. — Nach Jahren hartnäckigen Geldbeschaffens und erbitterter Streitereien mit unnachgiebigen Behörden ist es endlich soweit: Sein Traum wird Wirklichkeit. Zu verdanken hat er das vor allem der Unterstützung seines bedeutendsten, königlichen „Jüngers", der ihm ein großzügiges Darlehen vermittelt. Das Haus ist 1876 fertig gestellt und eröffnet im August des gleichen Jahres mit einer großen Oper. Das Publikum erlebt schon vor Beginn eine Überraschung: Zum ersten Mal in der Geschichte der Oper werden im Zuschauerraum alle Lichter gelöscht. Aber das ist noch nicht alles: Die Ouvertüre beginnt hörbar, doch man sieht keine Musiker. Wo sind die Instrumente, wo ist der Dirigent? Ein wahrer Zaubertrick des Meisters, der seine Vision idealen Kunstgenusses ohne jede Ablenkung und Störung verwirklicht hat. Weil ihm der Anblick der Musiker vor der Bühne – also der Paukenschläger, der vor seinem nächsten Einsatz ängstlich den Takt zählt, der scheußlich aufgeblasenen Backen und verzerrten Physiognomien der Bläser oder das langweilige Hin- und Herziehen der Violinenbögen ein Gräuel war, wollte er bei der Aufführung des „Ring des Nibelungen" im neu eröffneten Bayreuther Festspieltheater dafür sorgen, dass kein Orchester zu sehen war. Es war kein anderer als Richard Wagner, der mit seinem ästhetischen Empfinden – und weil sich die Zuschauer ganz seinem Bühnenwerk widmen sollten, eine Aufsehen erregende Neuerung einführte, die zunächst als Sakrileg angesehen wurde.

Er versteckte die Musiker samt ihrem Leiter in einem deutlich unter die Bühnenebene abgesenkten, gar nicht oder nur teilweise einsehbaren Raum – in den eigens von ihm konzipierten und heute in allen Opernhäusern üblichen ORCHESTER-GRABEN.

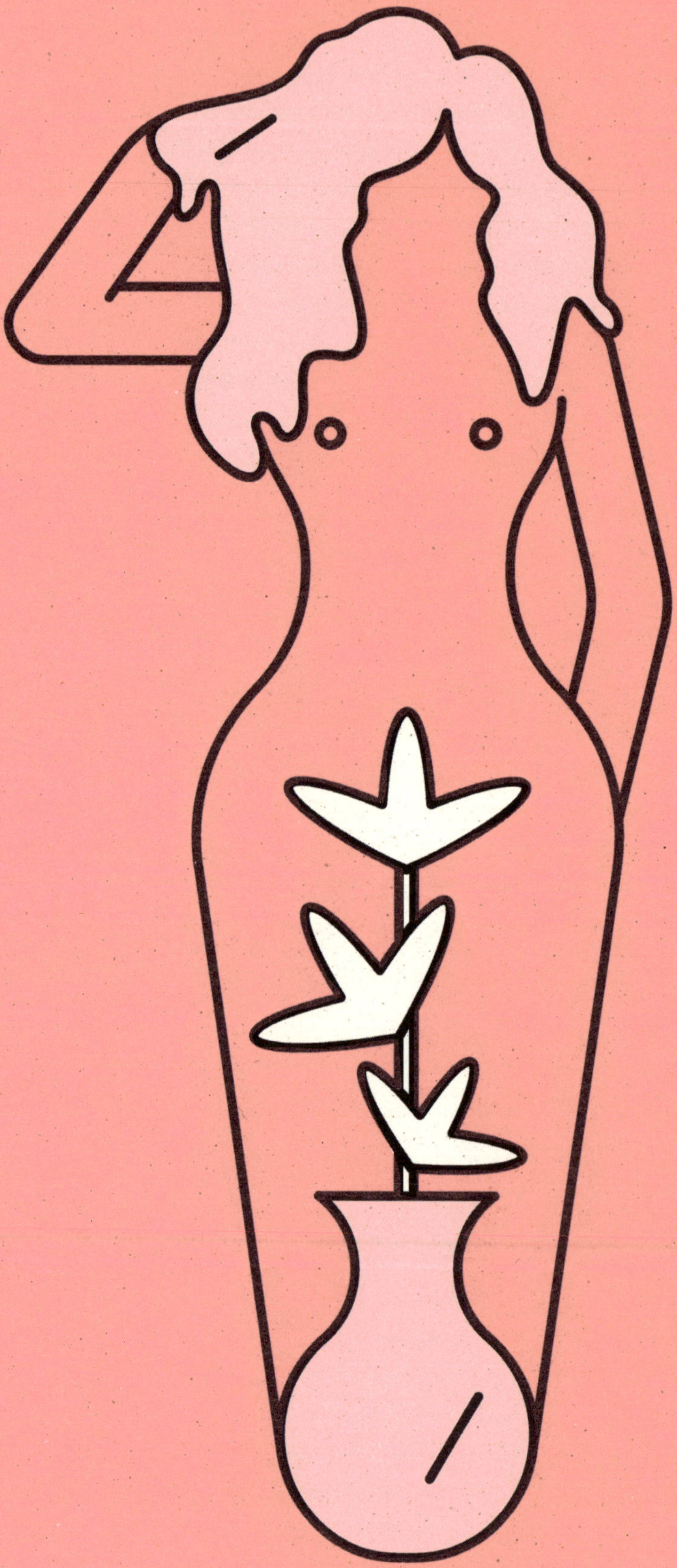

Eine feine Schweinerei

Geschichte 049 An Sylvester tauchen sie meist in Massen als Glücksbringer auf – die kleinen Tierchen mit Rüsselschnauze und Ringelschwanz. Und im alltäglichen Leben begegnen wir ihnen häufig als Münzen schluckende Sparschweine. Dabei müssen sie – auch wenn sie so genannt werden – nicht immer die Form der rosa Rüsseltierchen haben, sondern können zum gleichen Zweck auch als Büchsen oder Tresore erscheinen. Es war wohl hauptsächlich die strotzende Fruchtbarkeit des Schweins, die Reichtum symbolisierte und dadurch in den Namen einbezogen wurde. Schon im antiken Griechenland hat man offenbar gern über zweideutige Wortspiele gelacht. Das griechische Wort für Schwein ist „choiros", die Verkleinerungsform – also „Schweinchen" heißt „choirion", was seltsamerweise zugleich auch eine Bezeichnung für die weibliche Scham ist. Das muss allerdings nicht unbedingt als „Schweinigelei" aufgefasst werden, sondern ist wohl eher ein Hinweis auf die positiv angesehene weibliche Fruchtbarkeit. Die Kaurimuschel ist bei den sinnesfrohen Hellenen ebenfalls unter der Bezeichnung „kónche choiríne" – also Schweineschnecke bekannt. Und das kann wiederum wegen der augenfälligen Ähnlichkeit mit jenem weiblichen Körperteil zu tun haben. Schnecke und Muschel werden wohl daher gern der Sphäre der Liebesgöttin zugeordnet. Noch heute sagt man Speisen und Mahlzeiten mit diesen Muschelarten aphrodisische Wirkungen nach. Auch die Römer kannten, möglicherweise angelehnt an die griechische Überlieferung, bereits in der Zeit vor Christi Geburt drei verschiedene Bedeutungen für das lateinische Wort „porcus". Und es kam schließlich noch zu einer weiteren Übertragung und Abwandlung. Marco Polo brachte nämlich Jahrhunderte später von seiner China-Reise verschiedene Gebrauchs- und Schmuckgegenstände aus einem bis dahin unbekannten Material mit nach Venedig. Man spekulierte lange über die Zusammensetzung der ungewöhnlich glatten und feinen Substanz dieser Waren. Ein so feines und glänzendes, leichtes und dennoch hartes Material konnte – so vermutete man – nur aus einem besonderen, kalkhaltigen Material hergestellt worden sein. Die chinesische Bezeichnung für das in Europa unbekannte Material hatte Marco Polo offenbar nicht mitgeliefert. Daraufhin setzte sich in Europa ein aus dem lateinischen/italienischen Sprachraum stammender Name durch.

Da jene chinesischen Waren die Feinheit und Glätte der Kauri- oder Schweineschnecke hatten, ist der Name der Substanz in vielen Sprachen – wie im Italienischen von „porcella" – abgeleitet. Auch ohne dabei je an Schweinchen zu denken, nennen wir es – „PORZELLAN".

→ Best Of

Ende gut – alles gut

Geschichte 050 Ein junger Kammerdiener steigt aus dem Wasser. Er ist nackt. Die Augen des Königs mustern ihn gebannt. Eine kurze Unterhaltung, dann befiehlt Ludwig ihm, ins Schloss zurückzukehren. Nicht, ohne vorher seinen Mantel um die Schultern des ranken Jünglings gelegt zu haben. Der aufmerksamste Beobachter dieser Szene ist ein Graf aus dem Mailänder Hochadel. Er ist fasziniert von dem bayerischen Monarchen. Der besitzt – so sieht es jedenfalls der italienische Adelige – die außergewöhnliche Fähigkeit, einerseits außerhalb der Realität zu leben, sich gleichzeitig aber ganz gelassen und total uninteressiert mit der jeweils vorgegebenen Wirklichkeit zufrieden zu geben. Das alles ist sowieso etwas absurd. Schloss Linderhof, Neuschwanstein und Herrenchiemsee sind die Orte, an denen der berühmt-berüchtigte Märchenkönig einst gelebt hat. Und dort durfte der italienische Graf auch ohne viele Probleme dessen längst verwehten Spuren folgen. Aber ausgerechnet Schloss Berg am Starnberger See – also der Ort, an dem Ludwigs letztes Stündchen geschlagen hatte – sollte dem Italiener verschlossen bleiben. Schloss und Seegrundstück waren im Privatbesitz des Hauses Wittelsbach. Und dort empfanden die dazu abkommandierten bayerischen Aufpasser das ganz spezielle Interesse des italienischen Grafen an ihrem neurotischen König als degoutant. Sie rümpften erst nur dezent die Nase, sprachen von Geschichtsklitterung. Es ging aber um etwas ganz anderes. Und daher hatten die Königstreuen bald ziemlich lautstark ihren Widerstand herausposaunt. Sie befürchteten offenbar ganz bestimmte Enthüllungen. Vor allem sahen sie die Würde ihres Idols in Gefahr, weil da ziemlich unverfroren unter der Bettdecke gestöbert wurde. Protestbriefe an über 400 Personen des öffentlichen Lebens riefen zum Widerstand auf. Sträfliches Unrecht sollte verhindert werden! Auch Neuschwanstein sollte jetzt für die Filmcrew gesperrt. Der italienische Conte protestierte, doch eine Bombendrohung gegen ihn zeigte den bitteren Ernst der Angelegenheit. Daraufhin wurde Ludwigs letzte Stunden an einem geheimen Ort verlegt – gut bewacht von einer kleinen italienischen Privatarmee.

1973 bei der Premiere des Films über Ludwig II. fand selbst FJS „nichts skandalös Unbayerisches" am Werk des berühmten italienischen Conte, der mit dem „Kini" wohl eher eine Seelenverwandtschaft verspürte: der Regisseur LUCHINO VISCONTI.

Was hüpft denn da?

Geschichte 051 Mit dem Beginn des industriellen Zeitalters entstanden überall auf der Welt Materialien und Werkstoffe, die sich zuvor kaum jemand vorstellen konnte. Vor allem das Erdöl bescherte uns eine Unmenge von wirklichen, und auch vermeintlichen Verbesserungen des alltäglichen Lebens, ohne die wir glauben, nicht mehr auskommen zu können. Dabei fällt wohl auch jedem ein, welchen Segen einerseits – und wie viel Unheil andererseits – das Auto für die Menschheit bedeutet. Es lag aber nicht so sehr an der Entwicklung der verschiedenen Motoren, an der Auswalzung der Bleche für die Karosserien und an den anderen technischen Neuerungen. Es ging vielmehr um eine Entdeckung, die ein Chemiker namens Hermann Staudinger gemacht hatte. Er hatte einem bei der Erdölgewinnung entstehenden Gas namens Butadin mehr oder weniger zufällig etwas Natrium hinzugefügt und dann festgestellt, dass er dadurch ein unvergleichliches und fast universal nutzbares Material hergestellt hatte. Er nannte es BUNA. Auch ein Ingenieur aus dem Staat New York hatte im Jahr 1844 ein Patent angemeldet, mit auf einem anderen Weg und aus einem anderen Naturprodukt ein ähnlicher, industriell nutzbarer Werkstoff produziert werden konnte. Aber der wachsende Bedarf hatte den Preis für einen der Grundstoffe dieses begehrten Produkts auf dem Weltmarkt derart in die Höhe getrieben, dass man fieberhaft nach einem brauchbaren Ersatzmaterial suchte. Vor Hermann Staudinger hatte auch schon ein anderer Deutscher – der Chemiker Fritz Hoffmann – einen voll synthetischen Stoff entwickelt. Das Patent dafür war Deutschland allerdings nach den Ersten Weltkrieg von den Siegermächten abgenommen worden. Zwar ist BUNA – international als SBR bekannt – immer noch ein wichtiger Bestandteil vieler moderner Gebrauchsgegenstände. Doch der natürliche Rohstoff ließ sich bis heute nicht überall wirklich ersetzen. Und dieses Rohmaterial hatte der spanische Eroberer Hernando Cortez tatsächlich schon 1519 zu Gesicht bekommen. Schon die alten Azteken waren nämlich auf die Idee gekommen, aus dem milchigen Saft des Hevea-Baumes elastisch hüpfende Bälle zu formen. Und immer noch ist dieses wunderbar elastische Naturmaterial zu 60 Prozent in allen Autoreifen und zu 100 Prozent in jedem Babyschnuller enthalten.

Die Azteken nannten die elastische und gut formbare Masse kau-u-tschu – und daraus wurde bei uns „Kautschuk". Dennoch setzte sich für jenen elastischen Stoff ganz generell ein Name durch, mit dem die alten Ägypter ein Baumharz bezeichnet hatten – GUMMI.

→ Best Of

Ein Palast

Geschichte 052

Albert hatte sich bei der Entwicklung der ganzen Angelegenheit gegen diverse hartnäckige Widerstände durchsetzen müssen. Speziell beim Bau des Palastes, der später quasi als achtes Weltwunder gerühmt werden sollte, hatte es wegen der neuartigen und äußerst ungewöhnlichen Gestaltung viel Skepsis gegeben.

revolutionär

Nur seiner hohen Stellung, seinem Organisationstalent sowie seinen präzisen ästhetischen Vorstellungen von Qualität im Bereich geschmacks- und stilbildender Gestaltung war es zu verdanken, dass er seine Vision einer großen Völkerverständigung überhaupt in die Tat umsetzen konnte. Vor allem für diese enorme Durchsetzungsfähigkeit wurde er aber am Ende von der zunächst höchst ablehnenden Presse geradezu enthusiastisch gefeiert. Das lag wohl auch daran, dass er mit dem Architekten und Landschaftsgärtner, Sir Joseph Paxton, in letzter Minute einen kongenialen Konstrukteur gefunden hatte. Der Palast sollte ein Bauwerk von 563 Metern Länge und 139 Metern Breite werden. Paxton war es erstaunlicherweise innerhalb weniger Monate gelungen, eine riesige fünfschiffige Eisenskelettkonstruktion aus vorgefertigten Tragrippen und Trägern zu konstruieren, die mit ihrem gläsernen Faltwerk aus genormten Scheiben äußerst leicht und licht wirkte. Zuvor hatte sich kaum jemand vorstellen können, dass sie irgendwelchen Erschütterungen oder Stürmen standhalten würde. Doch Paxtons und sein Auftraggeber Albert hatten von Anfang bis Ende fest daran geglaubt. Und dieser einmalige Kristallpalast wurde im besten Sinne richtungweisend für die Zukunft. Nicht nur für den speziellen Zweck, dem er hier diente, denn obwohl es von monarchischer Seite gefördert wurde, war dieses Bauwerk nicht etwa als Palast für die Königin Victoria gedacht, sondern einfach nur eine gigantische Ausstellungshalle. Sowohl in England, wie in Frankreich und Deutschland hatte es auch zuvor schon verschiedene industrielle Leistungsschauen zur Präsentation des jeweiligen nationalen Gewerbefleißes gegeben. Aber die Idee, solche Ausstellungen auf internationaler Ebene stattfinden zu lassen, war Mitte des 19. Jahrhunderts in London geboren worden. Doch erst im 21. Jahrhundert fand mit der „Expo 2000“ in Hannover zum ersten Mal eine Weltausstellung auch auf deutschem Boden statt.

Aber der Mann, der für die Londoner Weltausstellung 1851 den „Crystal Palace“ als Aushängeschild für diese Show der Superlative errichten ließ, war deutscher Abstammung. Es war der Gemahl der Queen Victoria – ALBERT VON SACHSEN-GOTHA.

Der Spinnen tanz

Geschichte 053 Wenn ihre langen, behaarten Beine plötzlich in einer feuchten, dunklen Ecke des Kellers auftauchen, werden viele Menschen von panischer Angst ergriffen. Horrorvisionen plagen sie, oder sie bekommen Schreikrämpfe. Und es kann sogar dazu kommen, dass jemand von heftigen Zuckungen befallen wird, obwohl eigentlich gar nichts geschehen ist – außer dass er in einer Ecke eine Spinne aufgescheucht hat. Dabei sind Spinnen – wie fast jeder weiß – äußerst nützliche und nur selten gefährliche Tiere. Das gilt sogar auch für die Riesen in der recht artenreichen Familie der europäischen Spinnen, wie beispielsweise die „Lycosa tarentula“ aus der Gattung der Wolfsspinnen. Die bis zu fünf Zentimeter großen Tiere mit ihren acht Augen und einer gezahnten Klaue machen sich meist des Nachts auf Beutejagd. Die Bisse der Spinne haben tatsächlich Folgen: Sie können recht schmerzhaft sein und manchmal auch zu Entzündungen führen. Wen wundert's, dass die Folge davon Ermattung, Unbehagen oder Reizbarkeit sein können. Im Mittelalter galt Musik als bestes Heilmittel. Wildes Tanzen zu munteren Weisen im 3/8- oder 6/8-Takt, die meist auf der Geige gespielt wurden, waren die beste Therapie. Wenn jemand Zuckungen bekam, wurden Musiker ins Haus bestellt, oder sie spielten auch gleich auf den Marktplatz. Kaum begannen sie zu spielen, erhoben sich die Gebissenen – zunächst noch wimmernd und stöhnend – und begannen zu tanzen. Sie tanzten immer ekstatischer und oft bis zur völligen Erschöpfung, um so ganz instinktiv das Gift aus dem Körper zu treiben. Schließlich brachen sie vor Erschöpfung zusammen, waren aber offenbar wieder normal geworden. Schriftlich dokumentiert ist dieses Geschehen schon um 1650. Im 19. Jahrhundert, zur Zeit der Romantik, ist dann sogar eine eigene Musikform entstanden. Franz Schubert, Gioacchino Rossini, Franz Liszt, Sergej Rachmaninow, Alexander Borodin, Pjotr Tschaikowski und Frédéric Chopin befassten sich damit und nutzten für ihre Werke sowohl die Musik und als auch den Tanz. Es ist zwar wissenschaftlich bewiesen, dass das Gift einer anderen Spinne – der europäischen schwarzen Witwe „Latrodectus tredecimguttatus“ – ziemlich gefährlich sein kann. Die Wolfsspinne aber ist vergleichsweise harmlos und bringt die Menschen lediglich zum Tanzen.

Im Süden Italiens wird heute noch häufig ein bestimmter Tanz vorgeführt. Er hat weder etwas mit Gift zu tun noch mit der Stadt Tarent. Er imitiert vielmehr die eigentümlichen Bewegungen der Wolfsspinne „tarantula“ und heißt daher TARANTELLA.

Merk Würdiger Kreis lauf

Geschichte 054 1543 hatte der deutsche Astronom Nikolaus Kopernikus damit begonnen, den Kreislauf der Gestirne zu untersuchen. Offenbar ganz absichtlich wagte er dabei einen auf den ersten Blick merkwürdig wirkenden Rückgriff auf einen bedeutsamen lateinischen Begriff aus den Zeiten des frühen Christentums. Für die Christen war das Firmament von Anfang an Ausdruck der unerschütterlichen göttlichen Ordnung gewesen, denn für sie verkörperte es in seiner unabänderlichen Perfektion den Zustand des Gesetzmäßigen und Bewährten. Die Himmelskörper und ihre Umlaufbahnen, das Erscheinen und Verschwinden, die Rückkehr nach festen Regeln symbolisierten den Zyklus von Leben und Sterben – und auch die Hoffnung auf eine Wiedergeburt. Solange im alltäglichen Leben die Dinge ihren Lauf nahmen, einen Ausgangspunkt hatten und wieder zu ihrem ursprünglichen Zustand zurückfanden, erschien den Menschen das unveränderbare Gefüge von irdischer und himmlischer Ordnung vollkommen und immer wieder aufs Neue intakt zu sein. Doch später – und mit den spürbaren Veränderungen des Weltgeschehens – änderten sich der Sinn und der Gebrauch alter Regeln und Worte. Die Menschen konnten sich allmählich vorstellen, die scheinbar vorgezeichneten Bahnen einer starren gesellschaftlichen Ordnung auch einmal zu verlassen. Sie begannen, ihre Welt nicht mehr nur als unveränderbar, sondern auch als gestaltungsfähig zu begreifen. Und zwar aus eigener Kraft. Und so er strebten sie mehr und mehr Fortschritt und hofften auf eine bessere Zukunft. Am 14. Juli 1789 stürmen aufgebrachte Pariser Bürger das französische Staatsgefängnis, die so genannte „Bastille". Damit hatte sich die Menschheit endgültig dazu durchgerungen, sich zum Herrn über das eigene Schicksal zu machen. Die gesellschaftlichen und politischen Verhältnisse wurden quasi umgekehrt und auf jeden Fall erstmal völlig neu geordnet. Und jetzt wurde die Bezeichnung, die Kopernikus zwei Jahrhunderte zuvor für die periodische Wiederkehr der Gestirne geprägt hatte, nicht mehr auf den durch eine ewige Kreisbewegung bestimmten Kosmos angewandt, sondern kennzeichnete das Gegenteil: die gründliche und immer wieder notwendige Abkehr vom historisch Gewachsenen.

Ein vom lateinischen „revolvere" – „wiederkehren" abgeleitetes Wort ist nach diesem Bedeutungswandel endgültig in den modernen Sprachgebrauch eingegangen. Es bedeutet zwar Umsturz und Aufstand, aber auch den absoluten Neubeginn – die REVOLUTION.

→ Best Of

Erstaunliche Beobachtung

Geschichte 055 Die Architektur gilt als die älteste und umfassendste aller Künste. Form, Material, Ausdehnung und Anordnung werden durch den Zweck vorgegeben, Obhut und Unterkunft zu schaffen. Aber es gibt auch Kunst- und Bauwerke, die sich solchen Kategorisierungen entziehen und den Menschen Rätsel aufgeben, wieso sie überhaupt entstanden sind. Das gilt vor allem für einige gigantische Baukomplexe von perfekt geometrischer Abmessung. Welche Idee mochte dahinter stecken? Waren es vielleicht Abstraktionen, oder ging es um rituelles Einfangen des Sonnenlichts zu einem ganz bestimmten Zeitpunkt des Jahres? Schon 1834 hatte der amerikanische Architekt James A. Kane die These aufgestellt, diese Bauwerke müssten anhand ihrer Standtorte interpretiert werden. Und er behauptete, einen architektonischen Gesamtplan entdeckt zu haben, nach dem sie räumlich angeordnet waren. Aber seine ausgefallenen Erklärungen überzeugten nicht. 1982 erinnerte sich Robert Bauval, ein Ingenieur, der sich schon längere Zeit mit dem Geheimnis dieser Bauten befasste, wieder an Kanes Standort-Theorie. In einem Museum hatte Bauval alte Luftaufnahmen jenes Gebäudekomplexes gefunden und eine Besonderheit entdeckt, die nicht so recht ins Bild passen wollte. Sie schien überhaupt nichts mit einem geometrischen Plan zu tun zu haben. Er sah nur, dass eines der Bauwerke, das auffallend kleiner war als die übrigen, gegenüber den anderen Bauten eigentümlich versetzt angeordnet war. Von da an beschäftigt ihn die Frage, was diese Abweichung wohl zu bedeuten hatte. Eines Nachts zeigte ihm ein sternenkundiger Begleiter den Stern Sirius, der schon im Altertum zur Zeitrechnung herangezogen worden war und den man mit Hilfe der drei Sterne des Oriongürtels lokalisieren konnte. Dabei bemerkte Bauval, dass der kleinste dieser Sterne gegenüber den anderen ein wenig seitlich verschoben war. Jetzt fiel es ihm wie Schuppen von den Augen.

Das war die Lösung: Die alten Ägypter hatten die Sterne schon vor 4000 Jahren sehr exakt und genau beobachtet. Und dadurch war es ihnen gelungen, die berühmtesten Monumental-Bauten des alten Ägyptens in einer spiegelbildlichen Anordnung zur exakten Himmelsposition der Sterne des Oriongürtels entlang der Achse des Nils zu errichten: DIE PYRAMIDEN VON GIZEH.

→ Best Of

Geschichte 056

Es hieß, er sei bei Angriffen zigmal mit dem Leben davongekommen. Und angeblich sollte derjenige, dem es gelingen würde, diesen Mann zu besiegen, nicht nur mit dem Victoria Cross ausgezeichnet werden, sondern auch ein eigenes Flugzeug und 5000 Pfund Belohnung erhalten.

epos

Eines Morgens wurde gemeldet, es habe gegen 11 Uhr in der Gegend von Vaux-sur-Somme ein Kampf stattgefunden, und das lang ersehnte Ziel sei erreicht worden. Die begehrten Beweisstücke könne man – in viele Einzelteile zerbrochen – am Boden finden. Schnell waren Souvenirjäger zur Stelle, um sich das eine oder andere Andenken zu sichern. Als Bezwinger des sagenumwobenen Helden wurde zunächst ein Lieutenant Arthur Roy Brown gefeiert. Er bekam zwar nicht die angekündigten Orden und Belohnungen, aber im Juli 1918 wurde er für sein Können und seinen Wagemut mit einem neuen Offiziersstreifen an seiner Uniform geehrt. Die Auszeichnung wurde ihm außerdem vom Prince of Wales persönlich überreicht. Die Nachricht vom Triumph über den angeblich Unbesiegbaren, der selbst mit dem Orden Pour le Merite und auch mit dem Eisernen Kreuz erster und zweiter Klasse ausgezeichnet war, hatte sich überall wie ein Lauffeuer verbreitet. Diverse Männer hätten sich nur zu gern damit geschmückt, den hoch dekorierten Kämpfer besiegt und beseitigt zu haben. Daher machte unter anderen auch der Leutnant E. C. Banks vom 56. Australien Bataillon seine Ansprüche geltend. Danach meldete ein Sergeant Popkin Anrechte an, galt aber als ziemlich unglaubwürdig. Nach und nach behaupteten noch weitere fünf Männer, Bezwinger des Helden gewesen zu sein. Noch über mehrere Jahre wurden die Umstände des Kampfes in Vaux-sur-Somme, der angeblich am 21. April 1918 stattgefunden haben sollte, mit diversen, teils skurrilen, teils unwahrscheinlichen, unheimlichen und dramatischen Geschehnissen angereichert. Mit der Zeit waren die Tatsachen, die das Ende jenes viel bewunderten Helden betrafen, von so vielen, meist fiktiven Details umrankt, dass die Meldungen und Augenzeugenberichte in einem unendlichen Meer von Erfindungen nicht mehr zu identifizieren waren. Im Jahr 1998 wurde schließlich allerdings doch noch eindeutig festgestellt, dass der Held gar nicht durch ein Duell in den Lüften zu Tode gekommen war.

Es war vielmehr der Zufallstreffer eines bisher nicht in Betracht gezogenen, anonymen Angreifers, der ihn bei einer versuchten Notlandung getroffen und getötet hatte – den Helden der Lüfte, Manfred von Richthofen – den in aller Welt bekannten ROTEN BARON.

Eine verblüffende

Geschichte 057

Was der Mann in den wenigen Jahren seines Erdendaseins alles zustande gebracht hat, ist fast nicht zu glauben. Vielleicht lag es daran, dass einer der größten Gelehrten aller Zeiten den kaum Dreizehnjährigen unter seine Fittiche genommen hatte. Der war es dann auch, der den jungen Mann fit machte für die Position des obersten Managers einer ganzen Region und all ihrer politischen, militärischen und auswärtigen Belange.

Entdeckung

Der unbändige Wille zur Macht spiegelt sich am besten darin wider, dass unser Mann noch nicht einmal zwanzig Jahre alt war, als er alle Konkurrenten, die ihm seine Führungsposition strittig machten, auf skrupellose Weise beseitigte. Ebenso verfuhr er später auch mit all denen, die noch gegen ihn zu revoltieren versuchten: Die einen machte er einfach platt, den anderen blieb nur die Wahl zwischen freiwilliger Unterwerfung oder lebenslanger Sklaverei. Nur einige Auserwählte, die ihm später nützlich sein konnten, machte er sich zu Verbündeten. Seine Karriere war phänomenal: Innerhalb wenigen Jahre hatte er sich an die Spitze diverser Organisationen gesetzt, und auch seine militärischen Erfolge waren Legende. Sein Ruf als charismatischer Guru und vom Glück begünstigter Tycoon eilte ihm – meist Schrecken verbreitend – überall dort voraus, wo es ihn nach weiteren Annexionen und Eroberungen gelüstete. Auf diese Weise schuf er sich ein Imperium, wie es noch nie da gewesen war. Doch er verlor jegliches Maß. Bald eliminierte er nicht nur seine Gegner, sondern auch seine Freunde und Kampfgenossen. Irgendwann endete seine Glückssträhne. Er wurde schwer krank und starb innerhalb weniger Tage unter ungeklärten Umständen. Viele, viele Male haben Archäologen und Amateurforscher falsche Sensationsmeldungen über das Auffinden seiner Gebeine verbreitet. Obwohl seine sterblichen Überreste bis heute nicht wirklich aufgetaucht sind, steht einwandfrei fest, woran er gestorben ist. 1998 – also 2324 Jahre nach seinem Tod – haben nämlich Wissenschaftler der University of Maryland diverse antike Berichte über seine Krankheitssymptome analysiert und herausgefunden, dass er weder vergiftet wurde, noch an einem Insektenstich starb.

Das waren die bisher vermuteten Todesursachen, doch jetzt stellte sich heraus, dass es eine Art Salmonellentypus gewesen ist, an dem er im Jahr 323 vor Christi starb: der gerade mal 33-jährige König der Makedonier, ALEXANDER DER GROSSE.

→ Best Of

Vielfache Lebensretterin

Geschichte 058 Wann immer man Stephanie Kwolek als Heranwachsende fragte, was sie werden wollte, kam wie aus der Pistole geschossen die Antwort: natürlich Ärztin! Den Job im Textilfaser-Labor des Chemiekonzerns DuPond in New York hatte sie nur angenommen, um damit ihr Medizinstudium zu finanzieren. Doch nach kurzer Zeit machte ihr die Arbeit mit Reagenzgläsern und Glaszylindern, in denen zischend, knallend und sprudelnd modernste Chemie stattfand, so viel Spaß, dass sie bei DuPont blieb. Ihr Hauptinteresse galt der Erforschung der Polymere – der chemischen Grundlage von Kunststoffen wie Nylon und Perlon. Schon in den Anfangszeiten ihrer Karriere bekam Stephanie mehrfach hoch dotierte Auszeichnungen. Ganz besonders stolz war die Forscherin auf eine spezielle Entdeckung, die sie im Jahr 1964 gemacht hatte. Zuerst hatte sie geglaubt, ihr sei nur ein Fehler unterlaufen und es habe sich eine einmalige, höchst zufällige Kombination ergeben. Zu unwahrscheinlich, ja, völlig unbegreiflich waren die Eigenschaften der neuen Faser, die bei ihren Experimenten entstanden war. Doch es zeigte sich, dass es tatsächlich möglich war, Polymere in flüssiger, kristalliner Form herzustellen. Und sie war es, die als Erste diese verblüffende Entdeckung gemacht hatte. Damit ergaben sich in verschiedenen Materialbereichen diverse neue Möglichkeiten und ungewöhnliche Fortschritte. Und die wurden nun umgesetzt. Nach der Markteinführung der Faser im Jahr 1971 profitierten vom Flugzeug bis zum Tennisschläger unzählige Produkte von dem neuen Material. Besonders froh und glücklich machte es Stephanie, dass sie – obwohl sie nicht Ärztin geworden war – dennoch wesentlich dazu zur Lebensrettung vieler Menschen beitragen konnte. Es war sogar ein DuPont Survivers Club gegründet worden, in dem sich Personen trafen, die dank Stephanies Entdeckung äußerst bedrohliche Situationen überlebt hatten. Wie viele Menschen ihr Leben jenem, von einer jungen Frau entwickelten schussfesten Material verdanken, aus dem seit 1971 weltweit lebensrettende kugelsichere Westen hergestellt werden, wird kaum jemals feststellbar sein. Und wohl kaum einer weiß, dass es eine Frau war, die diese außergewöhnlich leichte, schnittfeste, schwer brennbare und nicht schmelzende, starke und stabile Faser geschaffen hat.

Doch leider hat die Firma DuPont die Genialität und Intuition, mit der Stephanie Kwolek eine Kunstfaser entwickelte, die fünfmal stärker ist als Stahl, in der Namensgebung nicht gewürdigt. Das Produkt erhielt den männlich kraftvoll klingenden Namen KEVLAR.

Kein skrupelloser Karrierist

Geschichte 059 R. ist ein Erfolgsmensch, ein besonderer Günstling der Herrschenden. Und – so scheint es – auch deren williger Handlanger. Andere Künstler hatten demonstrativ das Land verlassen. Er hingegen war sich nicht zu schade, den neuen Herren zu dienen. Ja, er verfasste sogar eine Hymne für eines ihrer Großereignisse. Er sagte auch nicht nein, als man ihn zum Präsidenten einer neu geschaffenen Kammer im Bereich der Kunst ernennen wollte. Kaum zu glauben, dass ausgerechnet dieser Vorzeigekünstler schon sehr bald heftigen Angriffen ausgesetzt sein würde und sich gezwungen sah, von allen seinen Ämtern zurückzutreten. Am Inhalt seines neuesten Werks – einem harmlosen Geplänkel um einen genarrten Erbonkel – konnte es nicht gelegen haben, denn das Buch war von den üblichen Zensoren überprüft und ohne Bedenken freigegeben worden. Erst als R. darauf bestanden hatte, auch einen „Co-Autor" des Werkes auf den Theaterzetteln zu nennen, hatten die Schwierigkeiten angefangen. Die Uraufführung mit Karl Böhm am Dirigentenpult und Maria Cebotari in der Titelpartie war zwar ein glänzender Erfolg gewesen, doch nach der zweiten Vorstellung wurde das Stück einfach abgesetzt. Der Grund dafür war ein von der Gestapo abgefangener Brief, den R. jenem Co-Autor, einem der geächteten jüdischen Schriftsteller, geschrieben hatte. Nicht nur, dass R. dessen Anteil an dem Werk unbedingt publik machen wollte: In dem Brief versuchte er noch dazu, ihn zur weiteren – heimlichen – Zusammenarbeit zu überreden. Außerdem erklärte er, er hätte sich nur zum Präsidenten der Reichsmusikkammer machen lassen „um Gutes zu tun und größeres Unglück zu verhüten". Demnach hatte er nur mit dem Regime paktiert und sich als prominentes Aushängeschild missbrauchen lassen, um anderen zu helfen. Das wollte ihm eigentlich keiner so recht glauben, denn bisher hatte er davon auch gern und reichlich profitiert. Aber den genialen Librettisten seiner Oper „Die schweigsame Frau" – den jüdischen Dichter Stefan Zweig – fallen zu lassen, dazu war er – trotz allerhöchsten Drucks – nicht bereit. Er riskierte dadurch sogar, seine ehrgeizigen Kunstideale nicht weiter verfolgen zu können.

Doch den Bruch mit dem nationalsozialistischen System nahm R. bewusst in Kauf, um nicht als skrupelloser Karrierist – vor allem aber nicht als Rassist – abgestempelt zu werden: der gefeierte Komponist und Schöpfer vieler weltberühmter Opern RICHARD STRAUSS.

→ Best Of

Ein Vorbild für Graf Dracula

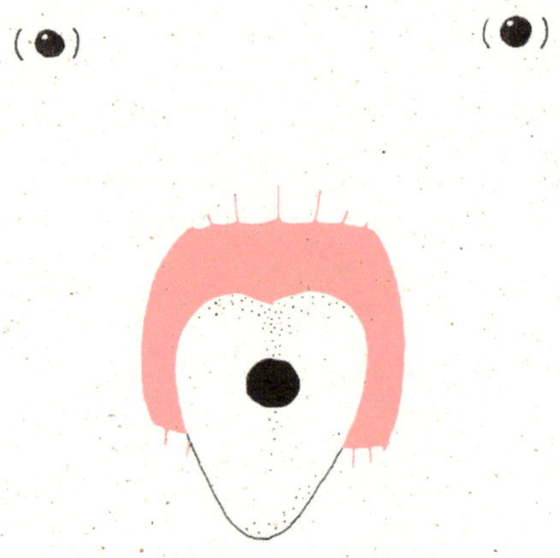

Geschichte 060 Elisabeth war die Nichte des polnischen Königs Stephan IV., und sie heiratete den ungarischen Nationalhelden, Fürst Ferencz Nádasdy. Sie war nun Gräfin Erzsébet Báthory und damit Mitglied eines der bedeutendsten Adelsgeschlechter Ungarns. Doch trotz ihrer Schönheit, ihrer Bildung und ihres unermesslichem Reichtums wurde Erzsébet immer merkwürdiger. Es fing damit an, als Fürst Ferencz, den sie im Frühling 1575 geheiratet hatte, in einem der damals recht häufigen Kriege der Ungarn gegen die Türken ums Leben gekommen war. Erzsébet war nun allein in ihrer Burg in den Karpaten und langweilte sich. Manchmal saß sie stundenlang vor dem Spiegel, um sich in allen Details immer wieder ihrer Schönheit zu versichern. Doch allmählich entdeckte sie erste Falten im Gesicht, und bald wurden es mehr und mehr. Das verdarb ihr alle Lebensfreude. Sie versuchte zwar allerlei kosmetische Tricks, aber ihre makellose Schönheit schwand mehr und mehr dahin. Wie es in einer der über ihr Leben entstandenen Legenden heißt, soll Erzsébet dann eines Tages einen kleinen Tropfen auf ihre Hand gespürt und gleichzeitig merkt haben, wie sich ihre Haut an dieser Stelle straffte, und wieder jung und frisch anfühlte. Von nun an mussten ihre Bediensteten dafür sorgen, dass diese Art „Tropfen" immer reichlich vorhanden war. Das war nicht ganz einfach, da die Gräfin bald auch darin baden wollte und die dazu notwendige Substanz auch noch schnell verdarb. Im Glauben an die Zauberkraft soll Erzsébet mehr und mehr von diesem neuen Schönheits-Elixier verlangt und dann auch getrunken haben. Doch im Dezember 1610 war Schluss damit. Erzsébet wurde auf Befehl des Königs verhaftet. Es kursierten schon längere Zeit Gerüchte über sie. Und die sollten sich tatsächlich bewahrheiten. In den Gemächern der Gräfin in der Burg Csejte fand man zwei tote Mädchen – das eine bleich und blutleer, das andere grausam durchlöchert und kaum mehr als Mensch erkennbar. Es hatte begonnen mit jenem kleinen Blutstropfen, der ihr einst auf die Hand gefallen war, als sie eine junge Dienerin gezüchtigt hatte Sie war wohl daraufhin dem Wahn verfallen, sodass sie täglich das Blut junger Mädchen brauchte. Etwa achtzig – in manchen Legenden heißt es, mehr als 800 Mädchen – soll sie getötet haben, um ihr Blut zu trinken oder darin zu baden.

Die „Blutgräfin" Erzsébet Báthory wurde 1612 wegen Hexerei, Mord und Vampirismus zum Tode verurteilt. Man vermutet, dass sie es war, die Bram Stoker als Vorlage für die berühmteste Horrorfigur aller Zeiten diente, den Blut saugenden Vampir FÜRST DRACULA.

Schiff ohne Hafen

Geschichte 061 Nach vierzehntägiger Seereise erreichte der Luxusliner St. Louis, von Hamburg kommend, seinen Bestimmungsort Havanna. Doch die meisten der Landungszertifikate wurden von der kubanischen Regierung für ungültig erklärt, und das Schiff wurde zur Weiterfahrt gezwungen. Im nächsten Hafen wird die St. Louis schon im Niemandsland vor der Küste gestoppt, und nach einigen Tage steht fest: Das Schiff muss umkehren. Am 17. Juni 1939 sind die Reisenden zurück in Europa, und hier dürfen sie wieder an Land gehen. Die Teilnehmer der unfreiwilligen „Kreuzfahrt“ waren allerdings keineswegs Urlauber, sondern Verfolgte und Diskriminierte, die vor der systematischen Zerstörung ihrer Existenz in der Fremde auf Asyl gehofft hatten. Es waren fast alles unfreiwillige Emigranten. Julius Hermann war beispielsweise ein angesehener Geschäftsmann in Mönchengladbach gewesen. Er konnte sich seiner Verhaftung nur entziehen, indem er bei Nacht und Nebel seine Heimatstadt auf Nimmerwiedersehen verließ. Es waren aber auch Angehörige früherer Emigranten unter den Passagieren. Else Blumenstein aus Wien war mit ihrem dreijährigen Sohn auf dem Weg zu ihrem Ehemann gewesen. Zwar gelang es den meisten Flüchtlingen nach ihrer Irrfahrt durch die halbe Welt, in verschiedenen europäischen Ländern Asylrecht zu bekommen. Doch die meisten von ihnen waren schließlich nach zähem Überlebenskampf doch der nationalsozialistischen Vernichtungsmaschinerie zum Opfer gefallen. So war die Fahrt mit der St. Louis für viele der durchweg jüdischen Passagiere, die das Schiffsticket oft mit ihren letzten Ersparnissen erworben hatten, der Beginn einer Reise in den Tod. Und das war nur passiert, weil die Behörden eines bestimmten Landes zu dem Zeitpunkt auf einmal veranlasst hatten, dass die Geflüchteten abgewiesen wurden. Und zwar in mehreren Staaten dieses Kontinents und unter Berufung auf die festgelegten Einwanderungsquoten. In Wirklichkeit war es aber die Angst vor der wirtschaftlichen Not der Vertriebenen und wohl auch eine bestimmte Art von Antisemitismus. Das war der Hauptgrund dafür, dass das reichste Land der damaligen Welt die Flüchtlinge nicht einreisen ließ. Doch es war ausgerechnet jenes Land, das eigentlich den Kampf für Demokratie und Menschenrechte auf seine Fahnen geschrieben hatte.

Sie wussten sehr wohl, dass den Passagieren der St. Louis im Falle der Rückkehr nach Europa Tod und Verderben drohten. Doch ohne Begründung für ihre Restriktionen verweigerten sie diesen Emigranten die Einreise – die VEREINIGTEN STAATEN VON AMERIKA.

→ Best Of

Von bester

Geschichte 062

Niemand weiß genau, an welchem Tag im Herbst 1850 Jack geboren wurde. Sicher ist nur, dass er das letzte von zehn Kindern walisisch-stämmiger Amerika-Einwanderer war. Die Familie hatte sich in Tennessee ausgerechnet an dem Ort niedergelassen, an dem der spätere US-Präsident und frühere General Andrew Jackson 1814 zwei Deserteure an einem Baum aufknüpfen ließ. Seitdem hieß dieses Kaff einfach Lynchburg, und es gab dort vor allem Elend und Armut.

Qualität

Deshalb wurde „Little Jack", als er knapp sieben Jahre alt war, in die Obhut eines Wanderpredigers gegeben. Sein neuer Betreuer war aber nicht nur Geistlicher, sondern er suchte und fand auch häufig Trost durch geistige Getränke. Das war – vor allem in Tennessee -, das im prohibitionsfreudigen amerikanischen „Bible belt" lag, eine ziemlich problematische Leidenschaft. Als Jack 13 Jahre alt war, hatte er bei dem Prediger schon alles gelernt, was es da zu lernen gab. Im Jahr 1866, als er gerade 16 war, hatte er es schon geschafft, eine eigene Firma ins Handelsregister eintragen zu lassen. Sein geschäftlicher Erfolg erlaubte ihm schon bald einen recht extravaganten Lebensstil. Er trug vor allem knielange Fräcke und hohe Hüte, um seine geringe Körpergröße von 1,56 Metern zu kaschieren. Hinzu kam ein üppiger Vollbart, den er zusammen mit dem übrigen Haupthaar pechschwarz zu färben pflegte. Das ergab eine Mischung aus Dandy und Kauz, wobei sich seine Kauzigkeit mitunter tatsächlich als extreme Sturheit und Starrköpfigkeit zeigte. Die schlug – vor allem, wenn es nicht nach seinem Willen lief – oft um in blanke Wut. So auch an einem April-Morgen im Jahr 1905, als es Jack einfach nicht gelingen wollte, in seinem Büro den Tresor zu öffnen. Er trat mit voller Wucht dagegen und brach sich dabei den großen Zeh. Daraufhin bekam er eine Blutvergiftung, das linke Bein musste amputiert werden, und schließlich starb er an den Folgen seines Wutausbruchs. Begraben wurde er im heimatlichen Lynchburg. Denn Jack hatte zu seinem Glück in jungen Jahren bei dem Wanderprediger nicht nur das Beten, sondern auch die Herstellung von Whiskey gelernt. Und wegen des kühlen, eisenhaltigen Wassers, das es in der Gegend von Lynchburg gab, war er dort 1866 mit seiner neu gegründeten Firma ansässig geworden. Begonnen hatte es mit Schwarzbrennerei.

Doch dann hatte Jack die älteste registrierte Destillerie der USA gegründet. Und bis heute gibt es ihn – den „Old Time Quallity Tennessee Sour Mash", der seinen Namen trägt: den berühmten JACK DANIEL'S WHISKEY.

Rätsel

Geschichte 063 Warum der junge Schwede nach dem Einmarsch der Sowjettruppen in Budapest deren Hauptquartier aufgesucht hatte, ist nicht bekannt. Dort war er jedenfalls am 17. Januar 1945 zum letzten Mal gesehen worden. Kein Grund zur Sorge, beruhigte die russische Botschaft die besorgte Familie des Diplomaten. Später hieß es, der Gesuchte sei den sowjetischen Behörden völlig unbekannt.

um den Retter

Nach weiteren zwei Jahren kam aber aus Moskau die Nachricht, der Mann sei einem Herzinfarkt erlegen. Während der letzten Kriegsjahre hatte der junge Diplomat im geheimen Auftrag der schwedischen Regierung auf verschiedene Weise versucht, ungarische Juden vor dem Konzentrationslager zu retten. Er benutzte dazu die gelb-blauen Dokumente mit den drei Kronen des schwedischen Staatswappens. Der beigefügte Text „bestätigte" auf Deutsch und Ungarisch, dass die Besitzer „im Rahmen der Repatriierung" nach Schweden ausreisten und dabei unter dem Schutz der Schwedischen Gesandtschaft stünden. Zwar hatten die schwedischen „Schutzpässe" nach internationalem Recht eigentlich keinerlei Bedeutung, aber sie waren wohl sehr beeindruckend. Mit seinem Bluff schaffte es der Schwede jedenfalls, mehr als hunderttausend Juden das Leben zu retten. Tag für Tag hatte er aus den für Auschwitz bestimmten Eisenbahnwaggons bis zu hundert Männer und Frauen herausholen können. Und auch im Chaos mordender und plündernder Horden kurz vor Kriegsende gelang es ihm noch, das Elend der berüchtigten Todesmärsche in Richtung Westen ein wenig zu lindern. Er fuhr den Kolonnen nach, verteilte Lebensmittel, Schuhe und warme Kleidung. Doch nachdem die Sowjets in Budapest einmarschiert waren, hatte sein Diplomatenpass keine Gültigkeit mehr gehabt. Das legt jedenfalls sein mysteriöses Verschwinden nahe. War er verschleppt worden, weil der Antisemit Stalin in ihm die Schlüsselfigur einer jüdischen Verschwörung sah, oder wegen des Verdachts der Spionage für Deutschland oder die USA, war nicht herauszufinden. Erst im Jahr 2000 hieß es dann in Moskau, „der Juden-Retter von Budapest" sei in den vierziger Jahren in einem Moskauer Gefängnis „ums Leben gekommen". Ehemalige Gefangene aber hatten berichtet, ihn Anfang 1957 noch in der „Lubjanka" gesehen zu haben. Sein Schicksal ist also bis heute ungeklärt.

Immerhin wurde er posthum für seine Rettungsaktionen durch König Gustav VI. Adolf mit dem höchsten schwedischen Orden und von der jüdischen Gedenkstätte Yad Vashem als Gerechter unter den Völkern geehrt: der schwedische Diplomat RAOUL WALLENBERG.

Ein nutzloses Bollwerk

Geschichte 064 André ist Zeit seines Lebens in seiner Heimat Lothringen tief verwurzelt gewesen. Im Ersten Weltkrieg war er schwer verwundet worden, was ihn für den Rest seines Lebens stark behinderte. Doch weit mehr noch hatte es ihn erschüttert, dass der Krieg auch sein Elternhaus in Revigny-sur-l'Ornain zerstört hatte. Er hatte sich geschworen, mit all seinen Kräften dafür zu sorgen, dass keine Macht der Welt jemals wieder die Grenzen Lothringens überschreiten würde. Und deswegen wollte er erzwingen, dass Frankreich in Zukunft durch eine auffällige, permanente Grenzbefestigung vor seinen Feinden geschützt wurde. Tatsächlich schaffte es André, der inzwischen zum Minister seines Landes aufgestiegen war, eine nicht übersehbare Demarkationslinie zu ziehen, die geschützt wurde von mächtigen Betonmauern und ausgestattet mit modernsten Waffensystemen und Kanonen – schwerer als alles, was man bisher gesehen hatte. Auch für das Wohl der dort abgestellten Soldaten war bestens gesorgt: Die Aufenthaltsräume waren klimatisiert, die Unterkünfte recht komfortabel. Es hieß sogar, die Soldaten hätten es dort viel besser als in den Kasernen, ja, sogar besser als zu Hause in ihren Wohnungen. Tatsächlich herrschte dort zwischenzeitlich ein recht fröhliches Soldatenleben: reichlich Wein war vorhanden, auch Besuche von jungen Frauen aus den umliegenden Ortschaften wurden großzügig geduldet. Und man lag dort sogar zeitweilig auf der faulen Haut. Als 1939 der Zweite Weltkrieg ausbrach, blieb sogar der in dieser Gegend erwartete Angriff der Deutschen zunächst aus. Die deutschen Soldaten waren im Mai 1940 in Belgien einmarschiert und von dort aus nach Paris vorgerückt und hatten es besetzt. Schon drei Tage später erreichten dann die deutschen Truppen sogar die Schweizer Grenze. Damit hatte sich Andrés Traum „On ne passe pas" – „Niemals wird hier jemand durchkommen" – sozusagen in Luft aufgelöst. Das lag daran, dass es zuvor kein Geld mehr für die Verteidigungslinie entlang der belgischen Grenze gegeben hatte. Die finanziellen Mittel für den Grenzschutz waren nach dem Bau der lothringischen Befestigungen erschöpft gewesen. Die französischen militärischen Führer vertrauten auf den undurchdringlichen Wald in den Ardennen. Und genau dieser Wald war es, den die Deutschen nutzten, um die Befestigung zu umgehen.

Das Ende seines Traums von Frankreichs Großer Mauer hat André nicht mehr erlebt. Er starb 1932. Geblieben ist an der deutsch-französischen Grenze der Westwall, die größte Mauer Europas: die nach dem Minister André Maginot benannte MAGINOT-LINIE.

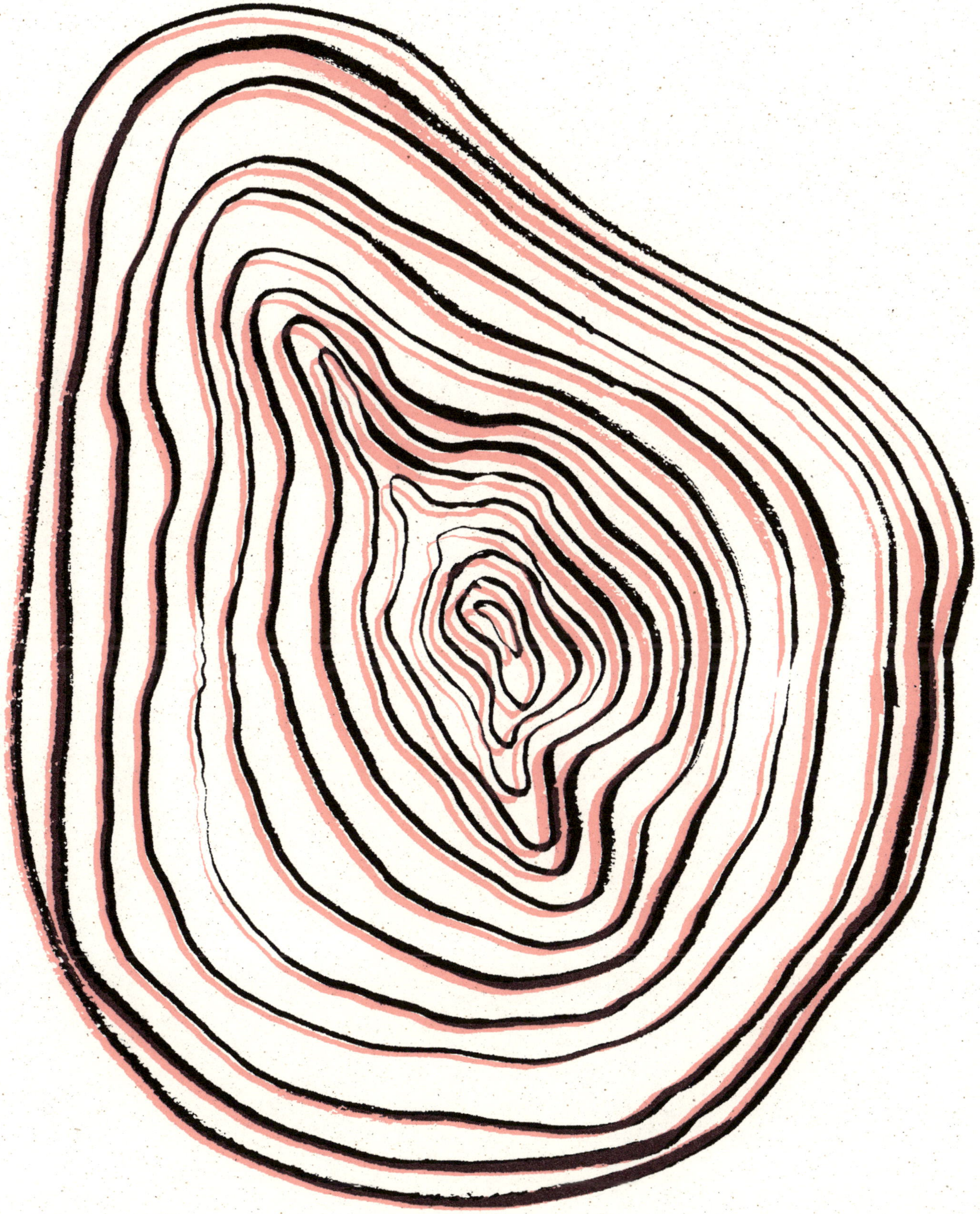

Wenig Grund zur

Geschichte 065

Im Grenzgebiet zwischen Albanien und Griechenland gibt es eine kleine Provinz, Epirus genannt. Schon vor mehr als 2000 Jahren war dort ein junger König höchst interessiert daran, die Weltherrschaft zu erringen. Die damals als zivilisiert und kultiviert geltende Welt war zwar sehr viel begrenzter als die jetzige. Dennoch wagte dieser junge König häufiger erfolgreiche grenzüberschreitende Eroberungszüge als die meisten Kriegsherren vor ihm.

Freude

Er konnte seinen Stammbaum auf Achilles zurückführen und galt zunächst als hilfsbereiter Nachbar. Deswegen bat ihn auch der Anführer des seit etwa hundert Jahren in Sizilien ansässigen griechischen Volksstammes der Tarantiner um Unterstützung gegen die nach Süden vorrückenden Römer. Diese Gelegenheit wollte sich der junge Krieger natürlich nicht entgehen lassen. Er war ausgesprochen erpicht darauf, sich den Ruhm zu erwerben, im Westen die drohende römische Gefahr zu bannen, nachdem der große Alexander im Osten die Perser besiegt hatte. Im Jahr 280 setzte der junge Held aus Epirus mit 25 000 Fußsoldaten, 3000 Berittenen und zwanzig Elefanten aufs italienische Festland über. Sein mutiger Einsatz im Kampf gegen die Römer wurde sprichwörtlich: Trotz mangelnder Hilfsquellen an Menschen und Material errang er bei Herakleia – allerdings unter großen Opfern in den eigenen Reihen – einen ersten Sieg gegen die Übermacht des römischen Heeres. Dennoch scheiterte sein Versuch, durch Friedensverhandlungen mit dem römischen Senat Freizügigkeit für die Tarantiner und den Austausch der Gefangenen zu erreichen. Daher hatte er keine andere Wahl, als sich wieder zum Kampf zu stellen, und ein Jahr später gelang ihm bei Ausculum ein weiterer, aber wiederum fast selbstmörderischer Sieg. Danach zog er sich erst einmal nach Sizilien zurück. Doch auch dort musste er über drei Jahre lang verlustreiche Feldzüge gegen die Karthager führen und trat schließlich den Rückzug in sein Königreich Epirus an. Von zweifelhaften Siegen hatte er nun endgültig genug. Schon nach seinem ersten Sieg gegen die Römer hatte er wohl den Irrsinn des Krieges geahnt, aber nicht die richtigen Schlüsse gezogen: „Noch ein solcher Sieg über die Römer, und wir sind verloren“, soll er schon damals gesagt haben. Auf diesen König und seine nur unter hohen Verlusten gewonnenen Kämpfe beziehen wir uns noch in der heutigen Zeit.

Der Name jenes jungen Königs ist zum Synonym geworden für eine Sache, die man unter viel zu großen Opfern erkämpft hat. Er hieß Pyrrhus von Epirus, und im übertragenen Sinn bezeichnen wir einen viel zu teuer erkauften Sieg noch heute als PYRRHUSSIEG.

→ Best Of

Mysteriöse Beschwörungsformel

Geschichte 066 Der Ablassprediger Johannes Tetzel hatte den Stein ins Rollen gebracht. „Kommt zu mir, denn wenn ihr mich ordentlich bezahlt, werden euch eure Sünden vergeben“, hatte er 1517 ausrufen lassen. Diesen Ablass bot der Mönch für begangene und für künftige Sünden an, und er konnte bei ihm sogar nachträglich für Verstorbene gekauft werden. Ein solcher Ablasshandel widersprach allerdings aufs Gröbste den Vorstellungen eines Augustinermönchs mit dem Namen Martin Luther. Er befand: Wenn ein Mensch schwer gesündigt hatte, musste er sich Gott sein Leben lang in Demut unterwerfen. Doch Luthers öffentliche Kritik brachte nicht den erhofften Erfolg. Sie führte vielmehr zu einem Prozess wegen Ketzerei und zu seiner Verbannung. Daraufhin hatte die Welt auf einmal zwei christliche Konfessionen: die katholische – mit Pracht, Pomp und Papst – und die nüchternere Welt der so genannten Protestanten. Zwar galt auch für Luther noch die Anwesenheit Christi beim Abendmahl, der Glaube an eine tatsächliche Verwandlung von Brot und Wein in Leib und Blut Jesu wurde jedoch bei seinen Anhängern allmählich schwächer. Aber Luther bereitete nicht nur dem Ablasshandel ein Ende. Durch seine Übersetzung der Bibel war auch die lateinische Liturgie ins Deutsche übertragen worden.

„Dies ist mein Leib“, hieß es beim Abendmahl – Lateinisch: „Hoc est corpus meum“. Das erschien wohl im Laufe der Zeit immer weniger glaubhaft, und deswegen verwandelte sich die Bezeichnung in eine Art mysteriöse Zauberformel: HOKUSPOKUS.

Auch einen anderen, quasi übernatürlichen und unsichtbaren Vorgang in der katholischen Messe betrachteten die Protestanten mit großem Argwohn: Was hatte es zu bedeuten, dass sich unter Weihrauchschwaden und Glöckchengeklingel die Wandlung von Wein und Hostie vollzog, während ein Geistlicher die doch recht unerklärliche Beschwörungsformel „Hoc est corpus meum“ murmelte? Für die Protestanten war nicht nur diese katholische Zeremonie unbegreiflich. Sie hatten auch keine Ahnung, was die lateinischen Worte bedeuteten. Es kam ihnen folglich alles wie fauler Zauber vor. Und das brachten sie schließlich mit einem etwas verunglimpfenden Begriff zum Ausdruck. 1632 war er zum ersten Mal aufgetaucht, und seine Herkunft ist bis heute nicht ganz geklärt. Ziemlich verwirrend ist außerdem, dass am Hof Jakobs I. sogar ein Taschenspieler auftauchte, der einen ähnlich klingenden Spruch, als Zauberformel benutzte. Es war wohl einfach die Verballhornung jener alten Wandlungsformel.

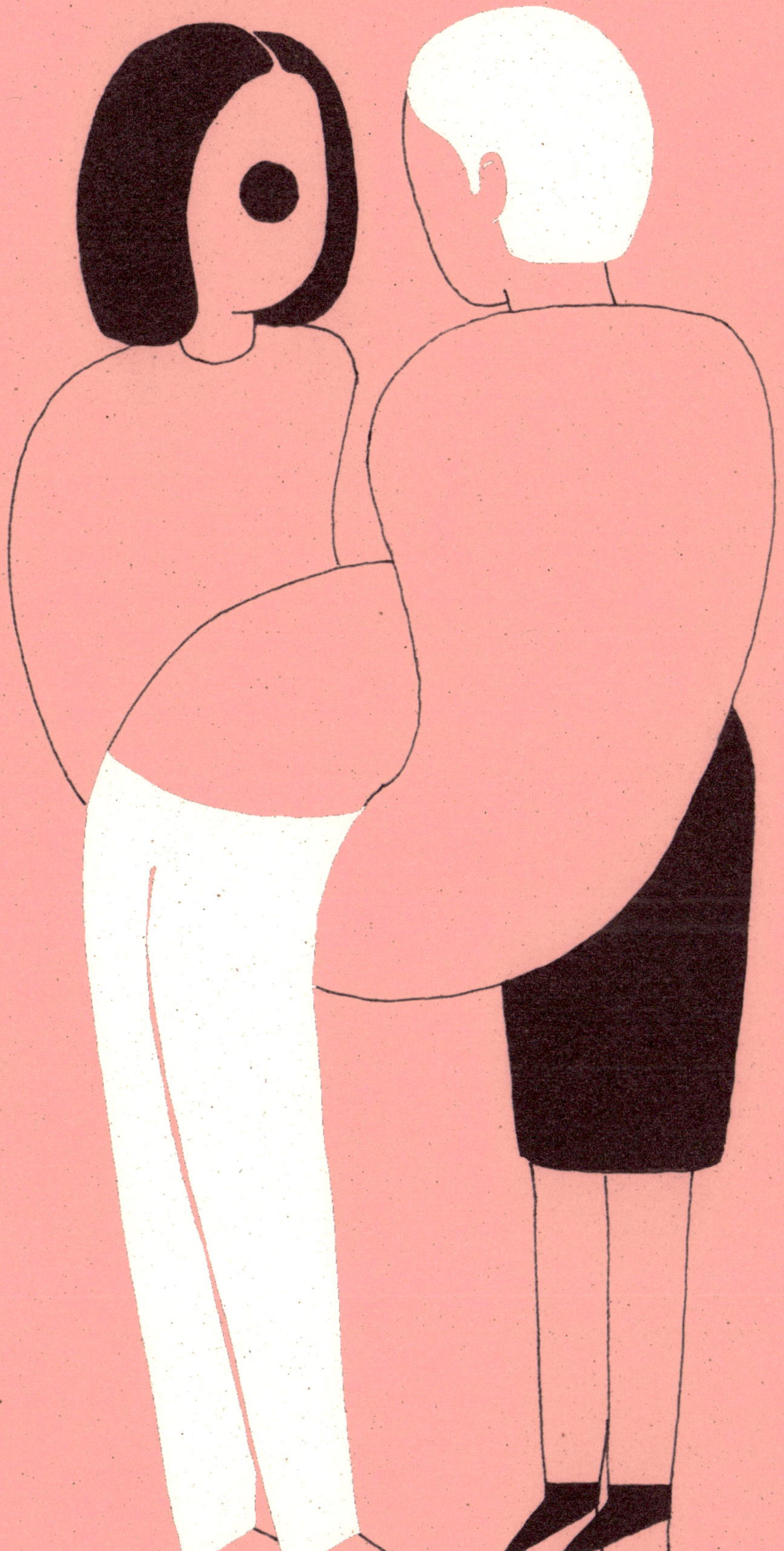

Zirkus erbsen

Geschichte 067 Die Pflanze ist möglicherweise älter als die Menschheitsgeschichte. Ihre eigentliche Heimat ist Südamerika. Grabfunde belegen, dass sie von peruanischen Indianern mehr als 1000 Jahre vor Christi Geburt sogar schon gezielt angebaut wurde. Und bereits mehrere hundert Jahre vor der Ankunft von Kolumbus sind wohl ein paar Ableger über Brasilien nach Mittelamerika und vielleicht auch schon ins heutige Virginia gelangt. Die öl- und eiweißhaltige Frucht gedieh überall im Südwesten. Später wurde sie auch von den weißen Siedlern als Futter für Schweine und Geflügel angebaut. Aber vor allem arme Familien und auch die Sklaven in den Südstaaten ernährten sich von den „goobers" – so wurden sie damals – angelehnt an das afrikanische Bantuwort „nguba" – genannt. Als im Verlauf des Amerikanischen Bürgerkriegs die Truppen der Nordstaaten in den Süden vorrückten, lernten Tausende hungriger Soldaten das ihnen bis dahin unbekannte Rankengewächs und seine Früchte kennen und schätzen. Die Amerikaner gaben der neuen Nutzpflanze, die so manchem Kämpfer das Leben rettete, den lateinischen Namen „Arachis hypogaea" und bauten sie nun auch vermehrt in ihrer nordamerikanischen Heimat an. Doch dort war die Pflanze, die gelbe Blüten und zerbrechliche, holzartige Schoten hatte, nicht mehr als eine kulinarisch zweifelhafte Kuriosität. Bis der Direktor des Zirkus „Barnum" in den achtziger Jahren des 19. Jahrhunderts auf die Idee kam, in den Pausen der circensischen Darbietungen kleine Erfrischungen und Knabbereien zu verkaufen. Und je intensiver die Liebe der Amerikaner zu Zirkus-Darbietungen wurde, umso mehr Geschmack fanden sie auch einer neuen, dort dargebotenen Knabberei. Doch die in dieser Zeit aufgekommene neue Bezeichnung für die „goobers", die einst eine Hungerkrise vermeiden halfen, ist total irreführend. Die Pflanze, um deren Früchte es sich handelt, gehört nämlich zu einer ganz speziellen Art von Gewächsen. Nach der Befruchtung bohren sich Ableger der bis zu einem Meter hoch rankenden Pflanze zurück in den Boden. Etwa fünf bis acht Zentimeter unter dem Erdboden reifen dann Samenschoten heran, aus denen sich später essbare Früchte herauslösen lassen. Deren Name nährt fälschlicherweise die Vermutung, dass es sich dabei um eine Art Nuss handle. Es ist aber eine Hülsenfrucht.

Es war vielleicht der leicht an Erbsen erinnernde Duft, der das Knabberzeug in Amerika zu „Peanuts" machte. Aber diese „Erbsennüsse" wachsen nicht an Bäumen, sondern auch unter der Erde. Und in Europa heißen sie deshalb ERDNÜSSE.

Biblische Wahrheiten

Geschichte 068 „Aus Ägypten werden Prinzen kommen. Kusch wird seine Hände ausstrecken zu Gott." Das steht in einer Heiligen Schrift aus dem Jahr 1611. Im 17. Jahrhundert sollten daher auf Anordnung von Oliver Cromwell in bestimmten Regionen auch interessierte Sklaven getauft werden. Doch die Herren dieser Gegend waren englische Pflanzer, und die fanden es überhaupt nicht gut, deswegen auf billige und willige Arbeitskräfte verzichten zu müssen. Den Christen war es nämlich verboten, andere Christen als Sklaven zu halten. Und deshalb widersetzten sich die Pflanzer sehr massiv den Bestrebungen Cromwells. Weitere Probleme brachte in diesen Gegenden später die „Back-to-Africa"-Bewegung amerikanischer Prediger, die ebenfalls die Unabhängigkeit der Schwarzen anstrebten. Die Führer der Bewegung verkündeten, der christliche Gott sei eigentlich ein „Gott der Schwarzen" und würde den Bewohnern von nun an das Evangelium überantworten. Tatsächlich gab es zwei Ereignisse, die in dieser Hinsicht von Bedeutung waren: 1896 errang der äthiopische Kaiser Menelik II. einen Sieg über die Italiener. Das bedeute, dass zum ersten Mal in der Geschichte eine weiße Armee von einer schwarzen besiegt worden war! Das zweite wichtige Ereignis fand im Jahr 1930 statt. Es war die Krönung des Haile Selassie – des „Siegreichen Löwen vom Stamme Juda" – zum Kaiser. Die Prophezeiung in Hinsicht auf den „Gott der Schwarzen", die in der von den Puritanern benutzten englischen Bibel von 1611 stand, hatte sich also erfüllt. Sie bezog sich auf das schon in der Antike erwähnte „Land Kusch", das später zu „Äthiopien" wurde. Für die Anhänger der „Ethiopian Baptist Church" war es ein für allemal das „gelobte Land". Im Laufe der Zeit entwickelte sich dann eine religiös-politische Heilsbewegung, zu der sich Mitglieder aller Hautfarben und zusammen gefunden haben und zwar überall auf der Welt. „Dreadlocks", jene wilde afrikanische Haartracht, die als Sinnbild der kaiserlichen Löwenmähne gilt, und der Reggae als musikalischer Ausdruck der Gottesverehrung sind die Symbole dieser Religion der ehemaligen Sklaven, die im 17. Jahrhundert auf die unter britischer Herrschaft stehende Karibikinsel Jamaika verschleppt worden waren.

Ihr Gott, der Kaiser von Äthiopien, Haile Selassie, hieß vor seiner Kaiserkrönung „Negus Ras Tafari Makonnen". Und daher bezeichnen sich die Anhänger dieser Heilsbewegung bis heute als RAS TAFARIS.

→ Best Of

Unver gessener

Geschichte 069 Manchmal sind es die Namen von Erfindern, mal die von Wohltätern der Menschheit, die zu feststehenden Begriffen werden – wie beispielsweise Röntgen, Duden oder Mentor. Dass einer zum Namensgeber für etwas wird, was sich sozusagen gegen ihn richtet, ist daher ziemlich unwahrscheinlich. Dennoch gibt es jemanden, der auf diese äußerst unrühmliche Weise, aber umso nachhaltiger in die Geschichte eingegangen ist.

Leute schinder

Charles war Gutsverwalter und ein übler Menschenschinder, der sich keine Gelegenheit entgehen ließ, seine armen irischen Landpächter zu schikanieren und auszubeuten, wo es nur möglich war. Schließlich wurde diesem Unmenschen aber der irische Boden zu heiß, niemand wollte mehr für ihn arbeiten. Alle seine Geschäftspartner wandten sich wegen seiner Härte und Grausamkeit von ihm ab, und ihm blieb als letzter Ausweg nur die Auswanderung. Das tat er 1880, ein Jahr nachdem sich die Irische Landliga gegründet hatte, eine Vereinigung von Arbeitern, die sich speziell wegen Charles' ausbeuterischem Verhalten zusammengetan hatten. Durch organisierte Aktionen hatte die Liga zunächst die Pächter und Landarbeiter zur Aufgabe ihrer Arbeit bewegt. Anschließend gelang es ihr, auch die meisten von Charles' Geschäftspartner dazu zu bringen, keinerlei Verträge mehr mit ihm abzuschließen und sie auch davon abzuhalten, weiter gesellschaftlich mit ihm zu verkehren. Damit war dem Gutsverwalter die Existenzgrundlage entzogen. Er verließ das Land und kehrte nie mehr zurück. Ein voller Erfolg für die, die sich gewehrt hatten. Inzwischen wird jene erfolgreiche Taktik durch den Zusammenschluss diverser Gruppen von Gleichgesinnten häufig als Zwangsmaßnahme gegen Personen, Institutionen oder einzelne Unternehmen angewandt und vielerorts in gesellschaftlichen, politischen und privaten Bereichen praktiziert. Kurioserweise wurden die gnadenlose Ächtung und die Ausschaltung privater, staatlicher oder wirtschaftlicher Interessen ausgerechnet nach demjenigen benannt, der als deren Verursacher in die Geschichte eingegangen ist.

Die inzwischen häufig angewandte Taktik massenweisen Verzichts auf bestimmte Gegenstände, Käufe oder andere Besitznahmen heißt heute noch – abgeleitet vom Namen des Menschen schindenden Gutsverwalters Charles Cunningham Boykott – BOYKOTT.

→ Best Of

Zwei grosse Pfirsichkörbe

Geschichte 070 Frustriert standen die Studenten des YMCA-Colleges am Fenster. Es war endgültig Winter geworden. Draußen schneite es, und das bedeutete für die nächste Zeit no sports. Es sei denn, man konnte sich überwinden, an den im Winter üblichen Turnübungen teilzunehmen. Für amerikanische Studenten bedeutete Sport aber Spiel und Wettbewerb: American Football, der seine Wurzeln im englischen Fußball hat oder das mit dem Kricket und deutschen Schlagball verwandte Baseball. Beide Spiele waren jedoch für die Halle nicht geeignet. James Naismith, Sportdozent am College, hatte versucht, die beliebten Spiele durch Regeländerungen zu entschärfen und den Bedingungen der Halle anzupassen. Doch seine Studenten mochten keine Karikatur ihres Sports. Naismith fand bald heraus, dass es möglich war, die positiven Prinzipien der bekannten Spiele in Bahnen zu lenken, die körperliche Attacken und Verletzungen weitgehend ausschlossen. Im Winter 1891/92 hatte er fünf Prinzipien und dreizehn Grundregeln für ein solches Spiel ausgearbeitet. Zentrale Bedeutung hatten die Foulregeln. Es war verboten, den Ball mit der Faust zu schlagen, mit dem Ball in den Händen zu laufen, den Gegner in irgendeiner Weise festzuhalten oder gar anzurempeln. Es mussten schließlich nur noch Auffangbehälter für den Ball gefunden und an der zehn Fuß hohen Empore der Turnhalle angebracht werden. Die Studenten waren spontan begeistert. Bereits nach wenigen Jahren hatten Sportlehrer, Missionare und Studenten der „International YMCA Training School“ das Spiel in die gesamte Welt exportiert. Schon 1894 kam es nach Tientsin in China, dann nach Japan, Persien und auf die Philippinen. 1905 fand sogar im russischen St. Petersburg ein erstes Turnier gegen eine amerikanische Mannschaft statt. Es waren nicht die Harlem Globetrotters und auch nicht das Dream Team, aber es war genau diese Art des Spiels.

Denn was James Naismith einst als provisorische Wurfziele an die Wand gehängt hatte, waren zwei während der örtlichen Pfirsichernte verwendete Körbe. Und diese ungewöhnlichen Behältnisse – im Englischen bekanntlich „baskets“ genannt – verliehen dem 1892 in Amerika erfundenen Mannschaftsspiel den in aller Welt bekannten Namen BASKETBALL.

Der Träumer

Geschichte 071 1853 ist der junge Chemiker Friedrich August am Ziel seiner Wünsche. Auf Empfehlung seines Lehrers, des Chemikers Justus von Liebig, erhält er einen Forschungsauftrag am Saint Bartholomew's Hospital in London. Mit Fachkollegen versucht er, das Geheimnis eines Stoffes zu ergründen, den es nach allen bisher geltenden Regeln eigentlich nicht geben darf. Nächtelang wird diskutiert, doch keiner weiß eine Lösung. Immer wieder geht es um Kohlenstoffe, um Wasserstoff – um das Atomgewicht. Es ist nach Mitternacht und damit höchste Zeit, denn August muss den letzten Bus nach Hause in die Clapham Road erwischen. Da sitzt er dann auf dem offenen Oberdeck, genießt die außergewöhnlich warme Londoner Sommernacht und gleitet langsam hinüber in einen traumähnlichen Zustand: Er sieht zwei kleine leuchtende Pünktchen, die wie Glühwürmchen vor seinen Augen herumtanzen. Sie sind ihm schon öfter im Traum begegnet, und ihm kommt es vor, als folgten Sie einer bestimmten Choreographie. Schon erscheinen etwas größere Punkte, die das erste Paar umarmen und alle drehen sich gemeinsam im Kreis. Noch mehr Punkte tauchen auf. Sie greifen sich drei, manchmal sogar vier der Pünktchen und halten sie fest, um dann in einem Schwindel erregenden Reigen herumzuwirbeln. Irgendwann lösen sich die hellen Punkte wieder, bilden eine Kette und ziehen die kleineren hinter sich her. „Clapham Road", ruft der Schaffner. August wacht auf, steigt aus und läuft wie in Trance nach Hause. Er muss auf der Stelle die Choreographie des Tanzes, den er geträumt hat skizzieren, denn er hat das Gefühl, der Lösung des Diskussionsthemas sehr nahe zu sein. Als er die Punkte schließlich auch in einer räumlichen Dimension zu Papier gebracht hat, erkennt er darin die Sechseckform einer Bienenwabe. Genau das ist es – endlich! Jetzt konnte er beweisen, dass es auch für organische Stoffe eine Formel gab! Das Strukturelement für die Herstellung künstlicher Substanzen und eine unendliche Zahl von so genannten cyclischen Verbindungen war gefunden.

Plastikeimer, Latexmatratze und Schlauchboot verdanken wir eindeutig dem deutschen Wissenschaftler Friedrich August Kekulé, der in einer lauen Sommernacht eine bahnbrechende Entdeckung machte – den für die neuzeitliche chemische Industrie so bedeutsamen BENZOLRING.

Im Rausch der Sinne

Geschichte 072 Offenbar war es schon in grauer Vorzeit notwendig, den Männern eine Sache zu versüßen, von der man eigentlich annehmen sollte, dass sie ihnen Freude bereiten würde. Doch so ganz ohne Weiteres war wohl der männliche Teil der Menschheit nicht bereit, seine Freiheit und seine promiskuitiven Vorstellungen zu vergessen und die volle Verantwortung in eine Übereinkunft einzubringen, die das A und O unserer Existenz ist. Schon im alten Babylon – also vor über 4000 Jahren – gab es deshalb besondere Lockmittel, mit denen die Väter ihren Töchtern die Ehemänner ins Haus holten. Später war es die so genannte Mitgift, ohne die keine Frau an den Mann kam. Aber bei den Babyloniern scheint es eher darum zu gegangen zu sein, dass der Bräutigam nach der Hochzeit ans Haus gefesselt wurde. Zu diesem Zweck sorgte der Brautvater dafür, dass sein Schwiegersohn eine Zeitlang in einen Rausch verfiel, der ihm möglicherweise das Aufgeben seiner Freiheit erleichtern sollte. Es entwickelte sich daraus ein Ritual, das eine Mondphase lang andauerte, währen der frisch gebackene Ehemann vier Wochen lang mit so viel Alkohol versorgt wurde, wie er nur trinken konnte. In babylonischer Zeit handelte es sich bei dem alkoholischen Getränk um eine Art Met, ähnlich dem Honigbier der alten Germanen. Der aus den Waben der Wildbienen stammende süße Sirup wurde mit Kräutern versetzt und vergoren und erfüllte seine Aufgabe bestens: Der Mann blieb zu Haus, schwängerte – wenn er nicht zu verkatert war – die Braut, und das war's dann. Abgeleitet von diesem eher ruinösen Brauch entstand für jene Phase heitersten Liebesglücks eine einprägsame Bezeichnung, die fast jedem geläufig ist.

Denn nicht nur in den angelsächsischen Ländern, sondern auch bei uns spricht man nicht mehr so häufig von Flitterwochen, sondern, in Anlehnung an jene rauschhafte Zeit des Honigbiertrinkens der Babylonier, vom HONEYMOON.

→ Best Of

Der Wind, das himmlische

Geschichte 073 Der Mann ist ein vom unermüdlichen Schaffenstrieb beseelter Enthusiast der Technik. Alle Bewegungsmechanismen faszinieren ihn. Seine erste große Chance erkämpft er sich in Wien bei der K.U.K. Hofwagen-und Automatenfabrik. Dort kann er sich fast ausschließlich seinem Traum von der Geschwindigkeit widmen. Er konstruiert Fahrzeuge und fährt Rennen, denn nur so kommt er an Geld für seine Experimente. Er weiß: Ein Gefährt rollt umso leichter, je weniger Gewicht es hat. Logisch, dass er das Gewicht seines Prototyps – dieser Chaise mit vier Rädern und einer kastenartigen Karosserie – zu reduzieren versucht. Aber Fahrgestell, Motor und Treibstoff haben einfach ihr Gewicht. Um der Schnellste zu sein, muss er neue Wege finden. Alle möglichen Antriebsmöglichkeiten hat er ausprobiert – angefangen von der leichten Elektro- über die Benzinmotor-Variante bis hin zur Kombination aus beiden. Es gibt ein dynamisches Phänomen, das alle Fahrzeuge gleichermaßen betrifft: Drückt Wind gegen den Wagen, wird er langsamer, fehlt Wind, wird er schneller. Das versucht er zu seinen Gunsten zu verändern. Und es kommt ihm der Gedankenblitz: Er muss nur die Energie fressende Größe des Luftwiderstandes minimieren, dem Wind eine möglichst geringe Aufprallfläche bieten. Er rechnet und misst, rundet alle möglichen Ecken der Karosserie, flacht ab, schafft Abflussmöglichkeiten für den Wind. Für die Prinz-Heinrich-Fahrt von 1910 entscheidet er sich für das Kraftpaket eines oben gesteuerten Hochleistungsmotors mit freistehenden Zylindern. Die Zuschauer bestaunen sein außergewöhnliches Automobil mit „taillenförmig eingeschnürten Linienschluss“ – wie die Wiener Automobilzeitung schreibt. Und er siegt haushoch. Was Ferdinand, der geniale Konstrukteur, damals errechnet hat, ist der sogenannte CW-Beiwert: die Formel für den Luftwiderstand.

Kind

Für den Energieverbrauch und vor allem für das Design von Automobilen ist dieser Wert bis heute ein ausschlaggebender Faktor. Die daraus resultierende Stromlinienform bedeutete eine Revolution im Automobilbau und machte ihren Erfinder weltberühmt: den Automobilkonstrukteur FERDINAND PORSCHE.

Nackte Tatsachen

Geschichte 074 Das Ganze sei seltsam gesichtslos und – wie Coca-Cola und Jeans – als typisch amerikanisches Produkt anzusehen, hieß es 1952 in einem vernichtenden Resümee über eine Angelegenheit, die inzwischen aus unserem Leben nicht mehr wegzudenken ist. Kaum zu glauben, dass vor etwas mehr als 100 Jahren von dieser Sache nur höchst selten die Rede war. Seltsamerweise finden sich ausgerechnet in der Pariser Belle Epoque, einer Zeit, die dem unbekümmerten Amüsement gewidmet war, die Anfänge jener inzwischen zur Sucht ausgearteten Bewegung.

Vorkämpfer ist Edmond Desbonnet, ein kleiner schnurrbärtiger Franzose, der zunächst im Norden Frankreichs, später im ganzen Land versucht, für seine Idee mobil zu machen. Er hat sich zum Ziel gesetzt, die Null-Bock-Generation der jungen Franzosen, die auf die Demütigung des deutsch-französischen Krieges von 1870/71 mit Nihilismus und Alkoholexzessen reagierte, wieder auf den rechten Pfad zu bringen. Dass er gleich auf Resonanz gestoßen wäre, kann man nicht behaupten. Für das, was der Franzose entwickelt hatte, brauchte man merkwürdige „Werkzeuge“: Hohlkugelstäbe, Scheibensysteme, diverse Zugmaschinen. Schon nach kurzer Zeit könne man erstaunliche Resultate sehen, hatte Desbonnet behauptet. Und um das zu beweisen, kam er auf eine clevere Reklame-Idee. Er ließ ganz ungeniert das, was er für das Heil der Menschen unerlässlich fand, vor der gerade erst zu professioneller Qualität entwickelten Kameralinse zur Schau stellen und veröffentlichte es in eigenen Fotomagazinen. Die Herren der Schöpfung kamen auf den Fotos dem auch heute noch geltenden Körperideal sehr nahe, während die Damen mehr zu Rubenscher Formfülle tendierten. Auf jeden Fall boomte Desbonnets Branche schlagartig.

Was Tausende von Fotos splitterfasernackter weiblicher und männlicher Wesen vor griechischen Säulen, in türkischen Rädern oder auch in freier Natur propagierten, war die neue Körperkultur, die nach einem Umweg über Amerika bald zur „Volksbewegung“ wurde – das BODYBUILDING.

→ Best Of

Kein

Geschichte 075 Man kann nicht gerade behaupten, dass die politischen Beziehungen zwischen Russland und Frankreich zu Beginn des 19. Jahrhunderts besonders eng und friedfertig waren. Doch trotz der napoleonischen Expansionsgelüste – oder vielmehr – gerade auf Grund der kriegerischen Annäherungen des großen Korsen – kam es zu französisch-russischen Kontakten auf höchster Ebene: Zar Alexander I. und Napoleon I. trafen sich im Jahr 1807 in Tilsit und später noch einmal in Erfurt. Aus diesen Begegnungen nahm der Zar offensichtlich eines mit: die Lust an der Zuschaustellung seiner Macht. Sein besonderes Interesse galt dabei der gloriosen Ausgestaltung seiner Hauptstadt St. Petersburg, die als eine der schönsten Städte der Welt galt. Der Winterpalais war der imposanteste Palast Europas und stellte sogar Versailles in den Schatten. Trotzdem holte Alexander bevorzugt französische Architekten nach Russland, die mit Ihrem Können die einheimischen Baumeister anspornen sollten. Bald entstand ein reger Kulturaustausch, der sich auch auf andere künstlerische Bereiche ausdehnte. Reiche adelige Damen und arme russische Poeten suchten in Scharen die französische Hauptstadt auf. Obwohl es ziemlich merkwürdig erscheint, ist eine bestimmte, uns heute sehr französisch anmutende Spezialität ausgesprochen russisch angehaucht. Beiden Nationen – den Russen wie den Franzosen – wird ja nachgesagt, dass sie viel von gutem und üppigem Essen verstehen. Die Franzosen speisen grundsätzlich mehrgängige Menüs, die Russen tafeln gern lang und ausgiebig. Dennoch haben die Franzosen einen russischen Begriff übernommen, der ganz und gar nicht dazu zu passen scheint. Es ist auf jeden Fall nicht von der Hand zu weisen, dass der Name für eine bestimmte Restaurant-Variante, die auch heute noch vielfach vorzufinden ist, in jener Zeit entstanden ist. Wir denken dabei meist an Paris, an kleine leckere Speisen und an offene Weine.

Fast food

Mag sein, dass es die Russen damals in Paris immer eilig hatten und die Kellner verbal auf Trab hielten. Jedenfalls ist das russische Wort für „schnell" zu einem international bekannten Begriff für eine bestimmte Art von Pariser Restaurant geworden. Es ist allerdings keineswegs ein Schnellrestaurant – das BISTRO.

→ Best of

Alttestamentarischer Götze

Geschichte 076 Aus zunächst wertfreien Bezeichnungen können manchmal Schimpfworte werden. Es kommt immer mal vor, dass sich die Einschätzung bestimmter Ereignisse, Dinge oder Zustände im Laufe der Zeit ändert, und die aktuelle Bedeutung mit der ursprünglichen nichts mehr gemein hat. Eine Gottheit, der einst als Zeichen der Verehrung freiwillig Menschenopfer dargebracht wurden, ist heute beispielsweise zum Inbegriff des Schrecklichen geworden. Dabei kann nicht geleugnet werden, dass die für uns unvorstellbar grausige Opferung von Menschenleben in direktem Zusammenhang steht mit der heute als Abscheulichkeit verurteilten Unersättlichkeit des göttlichen Monstrums. - Eine Romanerzählung des Russen Aleksandr Kuprin aus dem Jahr 1896 schildert das elende Leben der Arbeiter in der frühkapitalistischen Phase der Industrialisierung. In einer menschenunwürdigen Fabrikationsanlage geht es nur um den Profit des Unternehmers. Jeden Monat verschlingt der Betrieb auf unerklärliche Weise etwa fünfzehn Arbeiter, was einzig dem sensiblen Ingenieur Bobrov Skrupel verursacht. Ein Sabotageakt, den Bobrov plant, misslingt. Der anschließende Aufstand der Arbeiter kann die Situation auch nicht ändern. Das System als solches ist zerstörerisch. Mit den ihm immanenten, furchterregenden Eigenschaften sorgt es für Angst und Schrecken und verschlingt alles mit der Unersättlichkeit jener archaischen Gottheit, nach der die Fabrik bezeichnenderweise benannt wurde. Der Name jenes Götzen, dessen Gier nach Macht und Menschenleben sprichwörtlich geworden ist für ein alles verschlingendes System, scheint aus dem Hebräischen zu stammen. Weshalb aber der furchterregende Gott der Kanaaniter, dem die Menschen noch immer Opfer bringen, indem sie sich sinnbildlich von ihm auffressen lassen, in biblischer Zeit jenen Namen erhielt, ist schwer nachzuvollziehen.

Bis heute bezeichnen wir sowohl überdimensionale Arbeitsstätten der Großindustrie wie auch ein menschenverachtendes Staatssystem, abgeleitet vom hebräischen melech – was eigentlich König bedeutet -, als furchterregenden, Verderben bringenden MOLOCH.

Offen sichtlich

gebraucht

Geschichte 077 Schon in grauer Vorzeit wurden offenbar Substanzen wie Birken- und Rottannen- oder Mastixharz gegen Bakterien und Mundgeruch eingesetzt. Im Allgemeinen musste man das jeweilige Rohmaterial einfach gründlich kauen. Und dann spuckte man es wieder aus. In einer 9000 Jahre alten Siedlung in Schweden wurde zwischen Knochen, einfachen Werkzeugen und Resten von Nüssen sogar ein derartiges Relikt gefunden. Es war gründlich ausgekaut, aber dennoch bakteriell belastet. Auch in der Türkei und in Griechenland fand man ähnliche Überbleibsel. Meist handelte es sich dabei um klebrige pflanzliche Substanzen. Und wie man heute weiß, haben die amerikanischen Siedler ebenfalls schon früh solche pflanzlichen „Desinfektionsmittel" durch die Indianer Neuenglands kennen gelernt. Auch der leicht zu gewinnende Saft des Sapotillobaums, der aus den tropischen Regenwäldern Mittelamerikas stammt, hat ähnliche antibakterielle Eigenschaften und ist bis heute ein begehrter Rohstoff für die industrielle Herstellung. Aber bis man den Sinn der Sache so richtig begriff, sollte es noch eine Weile dauern. Ein Dr. Hollingworth veröffentlichte 1939 eine Studie über die Wirkungen eines neu auf den Markt gekommenen Produkts. Er hatte dessen interessante positive Nebenwirkungen in Bezug auf Stress-Situationen erforscht. Wenn nämlich der Adrenalinspiegel steigt und den Speichelfluss hemmt, wodurch man eine trockene Kehle bekommt, die wiederum zu Sprechproblemen und Hustenanfällen führen kann, dann schafft diese Substanz sofort Abhilfe. Die wollte man ausnutzen und begann mit der industriellen Herstellung. „Wohlbefinden für Jung und Alt" versprach eine der ersten Anzeigen, die das Produkt als hochmoderne Neuigkeit anpries. Dabei war es ja eigentlich ein alter Hut.

Die Indianer hatten es Chicle genannt – nach der Substanz, aus der es gewonnen wurde: eine gummiartige Latexmilch. Auch in den USA nannte man es zunächst Chiclet. Bei uns aber heißt das Produkt, das wir durch die amerikanischen Soldaten kennenlernten, schlicht und einfach KAUGUMMI.

Treu ergeben

Geschichte 078 Eine der ersten Wortzusammensetzungen, die von einer so genannten Sprechmaschine übertragen wurden, beinhaltet die eminent wichtige Frage: „Was halten Sie von einem Phonographen?" Darauf gab es Sensationsberichte in allen amerikanischen Zeitschriften. Im ersten Überschwang störte sich keiner an der hellen, gequetschten Stimme. Erst als es Emil Berliner gelungen war, 70 Umdrehungen pro Minute zustande zu bringen, wurde aus Edisons Phonographen ein brauchbares Grammophon. Bald drehten sich die ersten Schelllacks, auf denen die Stimmen von Sängern und Schauspielern in deutlich differenzierten Nuancen zum Klingen kamen. Doch der Erfolg ließ auf sich warten. Die ersten Werbestrategen traten auf den Plan und sicherten sich für ganz Amerika auf Jahre hinaus die Vertriebsrechte für Grammophongeräte und Schallplatten. Man ließ sich den Markennamen Grammophone schützen, um sich von qualitativ minderwertigen Plattensprechmaschinen zu unterscheiden. Markenzeichen für diese Firma wurde eine ungewöhnliche Symbolfigur. Ein Londoner Tiermaler hatte nach dem Tod seines Bruders dessen Hund zu sich genommen und ihn naturgetreu gemalt. Da saß der trauernde kleine Foxterrier neben dem einzigen Utensil seines früheren Herrchens, das in der Lage war, ihm Trost zu spenden. Dieses Bild landete auf Umwegen bei der Gramophone Company in der Londoner Maiden Lane. Dort war man total begeistert über den kleinen weißen Foxterrier namens Nipper, aber der Maler Francis Barraud musste noch einige Details hinzufügen – unter anderem den Trichter jenes Geräts, das Nipper wie gebannt anstarrte. Was damit signalisiert werden sollte, war die ultimative Klangtreue. Gab es ein besseres Symbol für dieses Qualitätsmerkmal, als die gespitzten Ohren eines treuen Hundes, der selbst über das Grammophon noch die Stimme seines Herrn erkennt? Und es stimmte tatsächlich: Nipper hatte sich erst von seinem toten Herrn weglocken lassen, als dessen Stimme aus dem Nebenzimmer zu hören war.

Sein Herrchen hatte nämlich einmal eine Tonaufnahme gemacht, die über das Grammophon abgespielt worden war. Durch das Bild wurde der kleine Foxl Nipper zum symbolträchtigen Markenzeichen auf Millionen Grammophonen und Schallplatten eines der berühmtesten Labels der Welt: „HIS MASTER'S VOICE".

→ Best Of

Keiner gleicht dem anderen

Geschichte 079 Es war Sir William Hershel, der oberste Magistratsbeamte im indischen Distrikt Jungipoor, der 1858 als erster seine Verwunderung über eine verblüffende menschliche Eigenheit zu Papier brachte. Allerdings in einem völlig unverfänglichen Zusammenhang. Doch bald war ihm klar, dass dieses Körpermerkmal ein erstaunliches Phänomen beinhaltete, das bis heute als inkriminierende Tatsache von großem Nutzen ist. Nun war Hershel nicht der erste, der sich damit befasste. Alte babylonische, chinesische und persische Dokumente – Tontafeln, Siegel und Pergamente – zeigen, dass dieses Phänomen schon viel früher bekannt war. Erst gegen Ende des 19. Jahrhunderts erkundeten und publizierten verschiedene Wissenschaftler – Mediziner, Geologen und Anthropologen – entsprechende Beobachtungen in ihren jeweiligen Fachgebieten. Etwas davon schlug sich sogar literarisch nieder: Mark Twain, der der Journalist und Schriftsteller erfand etwas, was auch real bald zum Hauptanwendungsgebiet der Erkenntnisse aus jenen körperlichen Merkmalen werden sollte. Auch Sir Francis Galton, ein Cousin von Charles Darwin, erkannte die Systematik des Phänomens, seine Einmaligkeit und die lebenslange Beibehaltung der einmal vorhandenen Struktur. Er konnte sogar beweisen, was Hershel nur vermutete: dass nämlich jeder Mensch auf diesem Gebiet eine unverwechselbare Kennzeichnung hat. Genau das ermöglichte dann eine systematische Registrierung bestimmter Personengruppen zum Zweck ihrer Identifizierung. Dafür reichte schon eine Übereinstimmung in zwölf Punkten. Der ursprüngliche Anwendungsbereich bei Sir William Hershel war aber ein ganz anderer gewesen: Er hatte bei Verträgen mit seinen indischen Geschäftspartnern eine Art Ritual erlebt, das für die gläubigen Inder eine viel persönlichere Bindung bedeutete als die Unterschrift. Sie benutzten dazu ihren Mittel- oder Zeigefinger und pressten ihn auf die Rückseite der Kontrakte.

Hershel hatte festgestellt, dass er lauter individuell unterschiedliche Muster vor sich hatte, und erkannte so ein Phänomen, das für die Kriminologen des 20. Jahrhunderts zum ultimativen Erkennungszeichen wurde: den unverwechselbaren, lebenslang gleich bleibenden menschlichen FINGERABDRUCK.

→ Best Of

Geschichte 080 Solange der Chief der Algonquin-Indianer zurückdenken konnte, lebte sein Stamm auf einer kleinen, sumpfigen, unwegsamen Insel. Für alle, die dort lebten, fanden sich im Wald jede Menge Beeren, es gab reichlich Fisch und hin und wieder ein Bison. Irgendwann kamen weiße Männer und gaben dem Chief 60 Gulden, weil sie auch auf der Insel leben wollten. Die Indianer hatten nichts dagegen. Platz gab es genug, und so etwas wie Eigentum kannten sie nicht. Die neuen waren da ganz anders.

Kriegs pfad

Sie besetzten den einzigen Verkehrsweg, einen unbefestigten, sich mäanderartig quer über die Insel schlängelnden Pfad. Am Südzipfel wurde ein Fort gebaut und im Norden ein Schutzwall gegen die nun nicht mehr so friedlichen Indianer errichtet, denn die fühlten sich von den Europäern eigentlich betrogen. Allmählich wurde der alte Indianerpfad erweitert und diente nun an vom Fort im Süden bis zu den Palisaden im Norden als Exerzierplatz für patrouillierende Soldaten. Immer mehr Europäer siedelten jetzt auf der attraktiven Insel. Bald verband ein Trampelpfadsystem alle Teile der Siedlung. Jeder baute einfach dort weiter, wo andere aufgehört hatten. Und der alte Kriegspfad der Indianer wurde zur Hauptader des Straßengewirrs der Einwanderer. Erst 1811 setzten neue Herren auf der Insel der wild wuchernden Bautätigkeit ein Ende. Doch der Südzipfel war nicht mehr zu ordnen. Der Rest wurde durch ein Raster von Längs- und Querstraßen – den so genannten Grid – exakt aufgeteilt. Heute leuchtet der ehemalige Indianerpfad im Süden als hell glitzerndes Band im Durcheinander der Straßen. Im Norden schiebt er sich quer über das geometrisch ausgemessene Gitternetz. Und noch immer trägt diese Straße den Namen, den die alten Indianer ihrem damaligen Pfad gegeben haben.

Die Holländer hatten ihre Heere Straat damals ganz automatisch in Breede Wegh umbenannt. Aber keiner konnte wissen, dass er einmal die bekannteste Theaterstraße der Welt werden würde – jener „Breite Weg", den die Indianer quer durch Manhattan angelegt hatten – der berühmte BROADWAY.

→ Best Of

Ein Gruß aus dem Süden

Geschichte 081 20. April 1792. Frankreich hat Österreich den Krieg erklärt. Hauptgrund dafür ist, dass sich Österreich und Preußen mit den französischen Emigranten verbündet haben. Die verfolgen seit einiger Zeit ein Anliegen, das der französischen Nationalversammlung gegen den Strich geht: die Rückgewinnung ihrer seit dem Februar 1790 beschlagnahmten Güter. Die Kriegsgefahr ist groß. In Straßburg, wo Teile der französischen Rheinarmee liegen, hat Bürgermeister Dietrich kein besonderes Vertrauen in die Kampfeslust der Soldaten. Zur Motivierung der Truppen solle anregende Marschmusik gespielt werden, regt er an. Und am liebsten sei ihm ein Kampflied mit dynamischem Text. Das lässt er in den Kasernen verlauten, und es scheint, als würde es dafür eine besondere Belobigung geben. Ein junger Amateur-Musiker, der als Hauptmann beim Pioniercorps dient, beschäftigt sich in Gedanken mit der verlockenden Angelegenheit. Dieser Claude-Joseph Rouget de Lisle ist ein glühender Patriot, hat aber bis dato weder komponiert noch getextet. Doch in der Nacht vom 24. April 1792 verfasst er Vers und Melodie eines Musikstücks, das er am nächsten Morgen dem Bürgermeister übergibt. Binnen weniger Tage wird es von den Musikcorps eingeübt und zum Kampflied der Rheinarmee erklärt.

Die Frau des Bürgermeisters berichtet stolz in einem Brief von der Uraufführung, dass ihr Mann, „der einen schönen Tenor hat“, das Stück mitreißend vorgetragen habe. Es sei „besser als Gluck“, und sie selber habe jetzt eine große Orchestrierung vorgenommen. Im August berichten die Pariser Zeitungen, ein Capitaine Rouget aus der Garnison Hüningen habe mit seinem Marschlied einen Hit gelandet, der jetzt in allen Theatern als Zugabe verlangt werde. Er sei aus dem Süden Frankreichs in die Metropole gekommen, und zwar mit den Briganten, die überall auf den Straßen die Farandole tanzten. Mit den Briganten waren die wilden Horden der Kriegsfreiwilligen gemeint, die aus Marseille kommend durchs Land zogen und überall Mitstreiter sammelten. Sie hatten die Aufforderung des Lieds „An die Waffen, Bürger, formiert euch und marschiert!“ bereitwillig in die Tat umgesetzt.

Am 14. Juli 1795 wurde jenes Revolutionslied zur französischen Nationalhymne erklärt. Und obwohl es in Straßburg entstanden ist, bezeichnen es die Franzosen wegen der Banden aus dem Süden Frankreichs, die es im ganzen Land verbreitet haben bis heute noch als ihre MARSEILLAISE.

Zum Dahin schmelzen

Geschichte 082 „Mein Kompliment, Madame", soll der französische Komponist Camille Saint-Saëns anlässlich eines Dinners im Londoner Savoy zu seiner Tischpartnerin gesagt haben, „wenn Sie nicht so eine großartige Sängerin wären, hätten Sie sich durch das hier Unsterblichkeit verschafft!". Und er wies auf die Nachspeise. Das ist schon über 100 Jahre her, doch jenes Dessert findet sich noch immer auf den Speisekarten der feinsten Restaurants. Allerdings weiß kaum jemand, wem es sein Entstehen verdankt. Zwar ist der Name, unter dem es nach wie vor bekannt ist, schon vom Klang her dem einmaligen Dessert durchaus angemessen. Die berühmte Sopranistin, mit der Saint-Saëns dinierte, war als Helen Mitchell in Australien geboren, aber in Großbritannien geadelt worden. Sie hatte nicht nur in London am Covent Garden Triumphe gefeiert, wo sie als Donizettis Lucia di Lammermoor debütierte, sie trat auch zusammen mit dem größten Sänger der damaligen Zeit auf – mit Enrico Caruso. Doch es zog sie immer wieder zurück in ihre Heimatstadt Melbourne, wo sie 1928 im Alter von 67 Jahren zum letzten Mal ihre wunderbare Stimme erklingen ließ. Natürlich wurde sie hier ganz besonders verehrt und gefeiert, denn der Bühnenname, den sie angenommen hatte, war gleichzeitig eine Hommage an diese Stadt.

→ Best Of

Und da ihr Auguste Escoffier, der König der Küchenchefs, unter eben diesem Namen – und angeblich basierend auf ihrem ausgefallenen Geschmack – eine Speise widmete, die an die Frische und Süße ihrer schmelzenden Stimme erinnerte, wird auf diesem Wege auch der Name der Stadt geehrt. Helen Mitchell hatte sich nämlich 1887, als ihre Karriere begann, einen Künstlernamen zugelegt, der fast identisch war mit der in Australien üblichen zärtlich-schlampigen Vernuschelung des Stadtnamens von Melbourne. Ihre Stimme ist heute auf den uralten Schelllacks nur noch als ziemlich fragwürdiger Ohrenschmaus zu genießen, und so ist es eher jene exklusive Kreation des großen Escoffier, die den Namen der Sängerin unsterblich machte.

Der Künstlername, den die Primadonna angenommen hatte, lautete „Nellie Melba". Und jenen köstlichen Dessert-Klassiker aus pochiertem Pfirsich, Vanilleeis und frischen, pürierten Himbeeren, den der Kochkünstler Auguste Escoffier ihr zu Ehren kreierte, nannte er PÊCHES MELBA.

Total

Geschichte 083 Ob es nun die Hunnen waren, die Gallier, die Römer oder andere eroberungs- und kriegswütige Völker und Stämme – sie alle überfielen ihre Nachbarländer nicht nur zum Zweck der Unterjochung. Vielmehr hatten sie auch immer Interesse an dem, was diese anderen besser konnten oder beneidenswerterweise besaßen. Nicht zuletzt ging es um schöne Frauen. Der Trojanische Krieg ist ein sagenhaftes Beispiel für so einen Raubüberfall. Die von Paris entführte Helena lieferte den Anlass zu einem Jahrzehnte dauernden Krieg, dem fast sämtliche Helden der griechischen Mythologie zum Opfer fielen. Im Grunde ging es aber gar nicht um Helena, sondern um die nicht einwandfrei geklärte Vormachtstellung in der Region. Machtanmaßung ist sowieso ein Thema, das sich durch die gesamte Historie zieht. Und immer waren auch bestimmte Institutionen des Staates daran beteiligt. Betrachten wir doch nur mal die Verfolgung von Andersgläubigen oder Minderheiten oder auch die Rebellionen gegen ungeliebte Obrigkeiten. Beispiele für staatlich unterstützte Machtansprüche in unserem eigenen Land sind der einstige Radikalenerlass, aber auch die unangemessen aggressive Terroristenfahndung und diverse geheimpolizeiliche Aktionen. Darum ist es ganz aufschlussreich, woher ein Begriff stammt, mit dem solche Säuberungsaktionen im Allgemeinen bezeichnet werden. Es ist ein Wort aus dem algerisch-arabischen Sprachgebrauch, mit dem dort generell die räuberischen Überfälle der Stämme und vor allem auch die Strafexpeditionen der Militärs bezeichnet wurden. Über das Französische gelangte dieser Begriff, den die nordafrikanischen Stämme für ihre Raub- und Beutezüge gebrauchten, zu uns, allerdings in einem anderen Sinne. Er ist bei uns paradoxerweise zu einem Synonym geworden für ordnungsgemäß angesagte Aktionen.

ver
dreht

Denn wir bezeichnen eine staatlich angeordnete polizeiliche Durchsuchung, wie sie in Zeitungsredaktionen, Verlagsräumen, Gaststätten und anderen öffentlichen Einrichtungen stattfindet, mit dem Ziel, verdächtige Papiere oder Personen aufzuspüren, ganz offiziell als RAZZIA.

→ Best of

Obszöne Handbewegung

Geschichte 084 Wir wissen es aus „Tausend und einer Nacht“: Wenn ein gläubiger Moslem unterstreichen will, dass er die Wahrheit sagt, dann schwört er „beim Barte des Propheten“. Auch mancher Angeschuldigte verspricht „bei allem, was ihm heilig ist“, nach bestem Wissen und Gewissen Zeugnis abzulegen. In fast allen Kulturen sind die Beteuerungsformeln im Zeugenstand mit dem Anrufen einer höheren Macht verbunden. Die gängige Eidformel, mit der religiöse Menschen vor Gericht ihre Ehrlichkeit demonstrieren, lautet: „So wahr mir Gott helfe“. Nicht jeder muss den Wahrheitsgehalt seiner Aussagen eidesstattlich versichern. Im Strafprozess kann beispielsweise die Ehefrau oder die Verlobte eines Beschuldigten den Eid verweigern. Im alten Rom wiederum bestand für Gattinnen und Geliebte gar nicht die Notwendigkeit der Verweigerung. Man betrachtete sie ganz generell als nicht eidfähig und eidmündig – einfach, weil sie Frauen waren. Vielleicht, um diesen Tatbestand von vornherein klar zu machen, war bei den Römern der Schwur mit einer Geste verbunden, die überhaupt nur Männern möglich ist. Nicht etwa die erhobene Hand oder die Hand auf dem Herzen galt ihnen als Versicherung der Wahrhaftigkeit. Die Männer bezogen sich vielmehr auf das, was ihnen offenbar am heiligsten war: Sie schworen bei ihrer Männlichkeit. Dazu legten sie ihre Hand auf jenen Körperteil, den Frauen nun mal nicht haben. Mit dieser Berührung hat nachweislich der Begriff „Zeugnis ablegen“ zu tun, was wiederum gleichbedeutend ist mit einer eidesstattlichen Erklärung. Was man noch heute bei Italienern und anderen feurigen Südländern als verstohlen obszöne Geste zur Bestätigung des Vorhandenseins der so hochgeschätzten männlichen Attribute beobachten kann, war in früheren Zeiten tatsächlich ein zu diesem Zweck vorgeschriebenes Ritual.

Wenn sie einen Eid zu leisten hatten, mussten die alten Römer eine Hand an ihren Hoden legen. Da „Hoden“ auf Lateinisch „testikel“ heißen, bezeichnet man das Zeugnisablegen – also den Eid – als TESTIMONIUM.

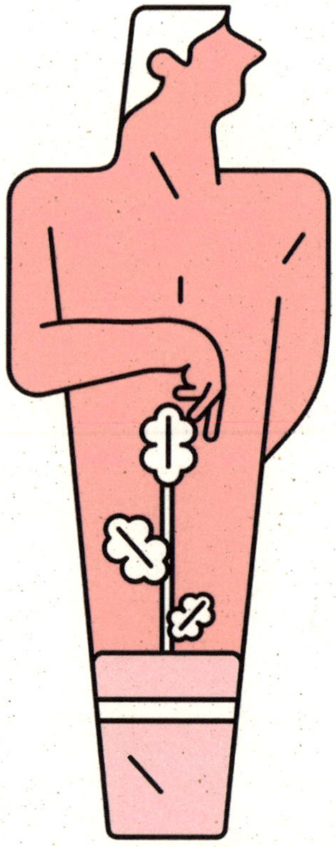

Eine mysteriöse Verwandlung

Geschichte 085 Sein Kriegsglück habe er einem persönlichen Schutzengel zu verdanken. Daran glaubte der Reitergeneral Michael von Obentraut felsenfest. Bei dem Schutzpatron, dem sich der wundergläubige Protestant anvertraut hatte, handelte es sich um den Hüter der Himmelspforte, den Erzengel Michael. Mit dessen Unterstützung wollte von Obentraut das protestantische Deutschland vor den katholischen Truppen retten. Kein einziges Gefecht hatte er verloren – eine wirklich bravouröse Leistung während des Dreißigjährigen Krieges. Glänzend verstand es der junge Rittmeister, seine Reiter immer wieder zu motivieren, sodass sie heldenhaft den Feind besiegten. Im festen Glauben, unbesiegbar zu sein, stürzte er sich am 4. November 1625 in die entscheidende Schlacht gegen den berüchtigten Feldmarschall Tilly. Es wurde von Obentrauts letztes Gefecht. Sein himmlischer Namensvetter hatte sich von ihm abgewandt, und die verirrte Kugel eines kaiserlichen Fußsoldaten traf ihn tödlich. Von Obentrauts Tod rief zunächst große Bestürzung und Trauer hervor und glorifizierte ihn über die Maßen. Doch in der kollektiven Erinnerung hat sich sein Bild im Laufe der Zeit verändert. Als die beiden Romantiker Achim von Arnim und Clemens von Brentano dem tapferen Rittmeister Anfang des 19. Jahrhunderts aus irgendeinem Grund noch eine merkwürdige Mütze verpassten, war der Wesenswandel komplett. Im Bewusstsein der Deutschen war von Obentraut jetzt nicht mehr der tapfere, siegreiche Rittmeister aus dem Dreißigjährigen Krieg. Vielmehr war er zum Zerrbild eines etwas tumben Männchens geworden, das explizit deutsche Eigenschaften aufwies. Und wie für die Engländer John Bull, für die Franzosen die Marianne und für die Amerikaner ihr Uncle Sam Prototypen sind, so verkörperte er eine Zeitlang den biederen Deutschen.

Der kämpferische Rittmeister Michael von Obentraut war merkwürdigerweise zum Biedermann mit „nationalen Eigenschaften“ mutiert. Für den ordentlichen Deutschen galt er damals als erstrebenswertes Vorbild, der Mann mit der Zipfelmütze, bekannt als der DEUTSCHE MICHEL.

Seemanns garn

Geschichte 086 Ende Juli 1916 wird ein toter Mann in deutscher Marineuniform ans Ufer der schwedischen Westküste gespült. Seine Kennmarke weist ihn aus als den 36-jährigen Johann Kinau, Matrose auf dem Kreuzer „Wiesbaden". Das kleine Kriegsschiff war zwei Monate zuvor während einer Seeschlacht am Skagerrak untergegangen. Johann Kinau hatte sich offenbar durch einen Sprung über Bord von dem heftig beschossenen Wrack retten können. Er war dann wohl längere Zeit hilflos in der aufgewühlten See getrieben, bis er in den eisigen Fluten des Skagerraks sein Leben ließ. Das Schicksal dieses Toten berührte seine Zeitgenossen auf ganz besondere Weise. Seine tragische Geschichte war in aller Munde. Der Matrose Johann Kinau war nämlich kein Unbekannter. Nur wenige Jahre zuvor hatte er einen Roman zum Kampf und Untergang eines Hochseefischers geschrieben, der ein Riesenerfolg gewesen war. Jetzt erschütterte es seine begeisterten Leser, dass er darin visionär genau die Situation beschrieben hatte, die ihn schließlich selbst das Leben kostete. Dass so unvermutet Dichtung und Leben übereinstimmten, elektrisierte die im Laufe des Krieges patriotisch aufgeheizte Bevölkerung auf See. So ließ sich sein Tod umso besser als Anfeuerungsmittel für den Kampf gegen jeden Feind nutzen. Im Dritten Reich war Johann Kinau daher allen Schulkindern ein Begriff. Inzwischen scheint es allerdings so, als würde ihn kaum noch jemand kennen. Weit gefehlt! Ohne es zu wissen, ist uns sein Name – allerdings in anderer Form – auch heute noch geläufig. Dass er Johann Kinau hieß, kam dem niederdeutschen Schriftsteller in jungen Jahren wohl zu prosaisch vor. Deshalb hatte er seine Heimatromane „Hein Godenwind", „Seefahrt ist Not!" und andere Geschichten unter einem anderen Namen verfasst.

Dieses Pseudonym klingt nach Meer und Abenteuern, und das war wohl der Grund dafür, dass nach dem Zweiten Weltkrieg ein berühmtes Segelschulschiff der deutschen Bundesmarine auf den Phantasienamen des Johann Kinau getauft wurde. Der nannte sich nämlich GORCH FOCK.

Der Gerechte

Geschichte 087 Einen Teil seiner Ferien verbrachte Gonsalvo Gomez meist bei James, einem Freund seines Vaters, der seit 1483 Bürgermeister des irischen Städtchens Galway war. Aufgrund seines angenehmen Wesens gehörte der junge Spanier bald zur Jeunesse dorée von Galway. Anna Blake ließ sich gerne von Gomez den Hof machen, doch auch Walter, der Sohn des Bürgermeisters, hatte ein Auge auf die Schöne geworfen. Walter, tapfer, freigiebig und liebenswürdig, konnte gelegentlich auch selbstherrlich und jähzornig sein – eine unberechenbare Charaktermischung, die ihm schließlich zum Verhängnis wurde. Ob ein zufälliger Streit zwischen Walter und dem spanischen Gast außer Kontrolle geraten war oder ob er den spanischen Gast mit Anna in flagranti ertappt hatte, ist nicht bekannt. Eines aber stand zweifelsfrei fest, als Gomez eines Tages erstochen aufgefunden wurde: Nur Walter kam als Mörder infrage. Auf diesen Mord, den heimtückischen Bruch der Gastfreundschaft, stand ohne Zweifel die Todesstrafe. Doch in der Stadt regten sich für den Bürgermeistersohn auch einige Sympathien. Es fand sich zudem kein Henker zur Vollstreckung der Todesstrafe, und die aufgebrachte Menge versuchte, Walter aus dem Rathaus zu befreien. Doch James schnappte sich seinen Sohn, führte ihn auf den Balkon, legte ihm einen Strick um den Hals und stürzte Walter eigenhändig über die Brüstung in den Tod. Das Volk wandte sich schweigend ab. Es war sicherlich nicht der erste grausame Akt von Selbstjustiz und vor allem auch nicht der letzte. Weltweit bekannt ist, dass die Bürger im wilden Westen häufig zur Selbstjustiz tendierten und Posträuber oder vermeintliche Mörder ohne große Umstände aufknüpften. Auch die Exzesse aufgeputschter Massen, die glauben, nach eigenem Gutdünken Recht schaffen zu müssen, gelten als unerlaubte Selbstjustiz. Und die trägt einen besonderen Namen.

Weil James mit unbeugsamem Gerechtigkeitswillen seinen Sohn eigenhändig „hinrichtete“, wurde er zum Namensgeber für diese Art von Strafe. Denn seit der Untat des Bürgermeisters von Galway, James Lynch, bezeichnet man willkürliche Strafaktionen und Hinrichtungen als LYNCH-JUSTIZ.

→ Best Of

Es

war

Geschichte 088 Zunächst waren es französische Hugenotten, die Mitte des 16. Jahrhunderts begannen, das Land um die Bucht herum zu besiedeln. Wenige Jahre später wurden sie von portugiesischen Kolonialisten vertrieben, die zu Füßen des Zuckerhuts die Siedlung Sao Sebastiao de Rio de Janeiro gründeten. Die heutige Bevölkerung ist ein Konglomerat der verschiedensten Nationalitäten.

der Fluss

Der Karneval, ein Mitbringsel der katholischen Portugiesen und ursprünglich ein Fest für die Armen, dauert hier zwar nur vier Tage und fünf Nächte, lässt die Stadt aber völlig außer Rand und Band geraten. Diese größte Party der Erde gilt geradezu als Paradebeispiel für das feurige brasilianische Temperament. Trommeln, Tanz und das wilde Treiben werden als Synonyme für brasilianisches Volkstum angesehen. Tanzgruppen und Schlagzeugkapellen in kunstvollen Kostümen und Masken führen eine Art ritueller Hochglanz-Show vor. Alles ist in Bewegung, und ein bestimmter rhythmischer Tanz im Viervierteltakt scheint der Kitt einer einzigen gemeinsamen Identität zu sein. Es heißt, die Musik sei aus portugiesischen und afrikanischen Ingredienzen zusammengesetzt und erst in Rio entstanden. Besonders in Europa, wo diese Musik nach dem Ersten Weltkrieg als Gesellschaftstanz bekannt wurde, wird sie als typisch brasilianische Kreation angesehen. Der heiße Rhythmus stammt aber eindeutig aus Afrika. Aus einer ganz bestimmten Region nach Brasilien verschleppte schwarze Sklaven brachten vor mehr als 200 Jahren die Tradition ihrer heimatlichen Trommeln und Tanzschritte mit, die sie bei ihren animistischen Ritualen und Voodoo-Beschwörungen zum Einsatz kommen ließen. Doch auch den Christen verdrehten die mitreißenden Rhythmen den Kopf, sonst wäre dieser Tanz bei den Brasilianern nicht zum Nationaltanz geworden.

Vielleicht wussten sie genauso wenig wie die meisten Menschen heute, was der Name eigentlich nahe legt: dass diese Musik ursprünglich von den Eingeborenenstämmen entlang des längsten südafrikanischen Flusses Sambesi gespielt wurde. Und deshalb heißt sie heute wie damals SAMBA.

→ Best of

Nomen est

Geschichte 089 Ein Playboy – so definiert es Wahrigs Deutsches Wörterbuch – ist ein meist reicher, junger, manchmal auch älterer Herr, der nicht arbeitet und sich kaum um andere Menschen kümmert, sondern nur seinem Vergnügen nachgeht. Auch der junge Bruce bezeichnet sich als Playboy, obwohl er brennend daran interessiert ist, sich in anderer Leute Leben einzumischen und sich zum unerbittlichen Verfolger des Verbrechens macht. Nicht selten setzt er dabei sein Leben aufs Spiel. Im New York der 30er Jahre, wo Bruce beheimatet war, hatte die Ohnmacht der Polizei gegenüber der Unterwelt speziell in der Bronx viele verzweifelte Bürger dazu gebracht, sich in Selbstjustiz dem Bösen entgegenzustellen. Den meisten dieser selbst ernannten Ordnungshüter galt Bruce bald als leuchtendes Beispiel. Nun ist bekannt, dass den aus dieser Epoche stammenden „Rächern der Enterbten“ häufig ziemlich unwahrscheinliche, übermenschliche Kräfte nachgesagt wurden. Ja, eigentlich waren sie überirdische Wesen, die irreale Aktionen ausführten. Bruce hingegen bestand darauf, sich als ganz normaler Mensch mit allgemein üblichen Hilfsmitteln und Fähigkeiten dem Verbrechen entgegen zu stellen. Er wurde nach und nach zum erfolgreichen Selfmade-Cop, der mit Intelligenz, Fleiß und technischen Tricks arbeitete. Schließlich wurde er sogar zum „Polizisten ehrenhalber“ ernannt. Dabei war dieser Bruce Wayne anfänglich alles andere als erfolgreich gewesen. Aber das lag keineswegs daran, dass er kein wirklicher Mensch aus Fleisch und Blut war. Vielmehr hatte ihn sein geistiger Vater zuerst falsch eingeführt. Um zum Idol zu werden, musste er weder sein Auftreten noch seine Verkleidung ändern, sondern nur den Namen.

omen

Bruces Schöpfer – der Comic-Zeichner Bob Kane – hatte sein nachtjagendes, Rache übendes Gruseltier zuerst „Birdman“ genannt. Als er merkte, dass das zu harmlos klang und auch keineswegs dem fledermausähnlichen Outfit seines Helden angemessen war, machte er daraus den über alle Maßen erfolgreichen BATMAN.

Mannheit ist gefragt

Geschichte 090 Als Friedrich 1848 in die Frankfurter Nationalversammlung einzieht, ist er ein weißbärtiger Greis im altdeutschen Rockgenre, der von vielen als ein Relikt aus längst vergangener Zeit angesehen wird. Dabei war er immer ein verbissener Neuerer und Freidenker gewesen. Allerdings waren seine revolutionären Ideen, die diverse öffentliche Belange betrafen, nicht unumstritten. Vielen galt er als echter deutscher Mann, als Freiheitskämpfer und Verfechter fortschrittlichen Gedankenguts und als treuer Volksfreund. Tatsächlich gehörte die Durchsetzung des Begriffs „Volk" gegenüber dem fremdländischen Wort „Nation" zu seinen Hauptanliegen. Wie viele andere patriotische Gesinnungsgenossen empörte ihn der langjährige französische Einfluss – „die Ausländerei, Verweichlichung und Entartung", wie er es nannte. Er wollte die „Ermannung des deutschen Volkes" vorantreiben. Lauthals propagierte er die Sprachreinigung, um „dem zersetzenden Einfluss des welschen Gestammels" entgegenzuwirken. Dabei war er beileibe kein Germanist, obwohl er sich nach mehreren, meist wegen Querulantentums abgebrochenen Studiengängen zeitweise seinen Lebensunterhalt als Hilfs- oder Unterlehrer an verschiedenen Erziehungsanstalten verdiente. Überhaupt war Erziehung sein Thema, vor allem die „mannliche Sozialisierung", was nicht nur Körperertüchtigung bedeutete, sondern auch die richtige politische, das heißt, nationale Einstellung. 1810 schrieb er ein Buch über „Deutsches Volksthum", mit dem er die Grundlage dafür legte, später vom Dritten Reich als Aushängeschild der nationalsozialistischen Gesinnung vereinnahmt zu werden. In dem Werk finden sich eindeutige Passagen über physische und moralische Ursachen für die Unterschiede zwischen den Nationen, verbunden mit neuen ethnischen und kulturellen Ideen. Was aber noch immer die positive Resonanz auf seinen Namen bestimmt, bezieht sich auf ein anderes Anliegen.

Denn wegen seines 1811 begonnenen und lebenslangen Eintretens für die „freie volkstümliche Turnsache" umweht Friedrich nach wie vor der Ruhm eines Kämpfers für den Fortschritt. Bis heute ist dieser Friedrich Ludwig die Symbolfigur der deutschen Turnerschaft: „unser" TURNVATER JAHN.

Das Ende der Welt

Geschichte 091 In der „Historia de la Ciudad de Cadiz", also der Stadtgeschichte der südspanischen Stadt Cadiz, die im Jahr 1598 niedergeschrieben wurde, findet sich ein Zitat des Dichters Pindar. Das bezieht sich auf einen der ganz großen Helden der Antike, auf den mehrere südspanische Städte nur zu gern ihre Gründung zurückgeführt hätten. Pindar, ein poetischer und moralischer Mensch, zitierte einige Worte, die durchaus nahe legen, dass sich Herakles, der leidgeprüfte Sohn des Zeus und der Alkmene, bei der Erfüllung einer seiner zwölf Aufgaben in der Gegend von Cadiz, Badajoz oder Gibraltar aufgehalten hatte. In der antiken Sage – und auch in Gustav Schwabs deutscher Fassung der „Sagen des Klassischen Altertums" – ist von einem Ort namens Gadix die Rede. Dort soll Herakles – der bei den Römern übrigens Herkules heißt – den schrecklichen Geryones besiegt haben, einen Sohn des Herrschers von ganz Iberien. Dort soll er höchstpersönlich – so erzählt es die Sage – die nach ihm benannten Säulen aufgestellt haben, bevor er ganz Spanien eroberte. Diese Denkmäler im äußersten Süden Spaniens sind mit einer höchst interessanten Inschrift versehen. Doch offenbar ist die Übersetzung des Textes von Pindar in der Stadtchronik von Cadiz nicht ganz identisch mit der griechischen Inschrift. Sie lautet nämlich: „Nicht über die Säulen des Herkules hinaus darf man das unwegsame Meer befahren". Das hieß, die Schiffe sollten besser nicht über die Meerenge von Gibraltar hinaus in den Atlantischen Ozean fahren. Vielleicht war der ursprünglich griechische Wortlaut nicht so einprägsam wie der spätere lateinische, der wiederum Herkules persönlich in den Mund gelegt wurde. Und es kann schon sein, dass der tapfere Held im Süden Spaniens endgültig die Nase voll hatte von all den Ungeheuern und Heldentaten, mit denen er sich rumschlagen musste, und schließlich den Ausspruch tat: „Bis hierher und nicht weiter". Doch was heute daraus geworden ist, hört sich etwas anders an.

Wir verwenden diese Floskel als absolut höchste Steigerung alles Erreichbaren im Sinne von „darüber hinaus ist nichts Besseres mehr möglich". Denn genau das drücken wir aus, wenn wir den Wortlaut der lateinischen Inschrift auf den Säulen des Herakles zitieren und sagen: Das ist das NONPLUSULTRA.

→ Best Of

Bildung contra

Geschichte 092 Charles war zweifellos ein Privilegierter, denn nicht viele junge Menschen konnten es sich leisten, fünf Jahre lang auf Weltreise zu gehen. Die Erfahrungen sollten sein ganzes weiteres Leben prägen und letztlich auch zur Grundlage seines Berufs werden, indem er zum Verfechter einer rigorosen Selektionstheorie wurde.

Einbildung

Vielleicht, weil ihm nicht ganz geheuer war, was er propagierte – nämlich, dass nur die Fittesten den Kampf ums Dasein überlebten –, hatte er ständig Probleme mit seiner Gesundheit. Er litt unter anderem an Magenkrämpfen, Erschöpfungszuständen und chronischer Schlaflosigkeit. Schlimmer noch erging es Florence, einer jungen Frau, die sich ausgerechnet im Bereich moderner Krankenpflege besonders hervorgetan hatte. Migräneanfälle, permanente Atemnot und schwere Herzprobleme, bei denen keines der probaten Mittel Abhilfe schaffen konnte, fesselten sie viele Jahre ihres Lebens ans Bett. Allerdings starb sie erst im hohen Alter von 90 Jahren. Auch Howard wurde ziemlich alt, obwohl er 1946 nach einem Flugzeugabsturz unter diversen Gesundheitsstörungen litt, unter anderem an Allergien, Verstopfung und irrationalen Phobien vor Schmutz und Bakterien. Das führte schließlich dazu, dass er aufhörte zu essen und auf weniger als 50 Kilo abmagerte. Er ließ sich völlig gehen, sodass er in einem Zustand extremer Verwahrlosung starb. Dabei war er Multimillionär und konnte es sich leisten, die besten Ärzte der Welt zu konsultieren. Alle drei litten – wie viele andere Menschen auch – unter einem Syndrom, das schon Molière in seiner Komödie „Der eingebildete Kranke“ sehr plastisch geschildert hatte. Die alten Griechen hatten dafür einen Namen, der darauf hinweist, dass mit dem Gemüt etwas nicht in Ordnung ist. Und wenn ein Mensch von einem „alles beherrschenden Gefühl körperlicher oder geistiger Krankheit ohne medizinisch fassbare Grundlage“ befallen ist, dann benutzen wir für ihn – meist etwas abfällig – jene Bezeichnung aus dem Griechischen.

Denn jemanden, der von der Unheilbarkeit seiner meist eingebildeten Krankheiten überzeugt ist – wie Charles R. Darwin, der Evolutionstheoretiker, die Krankenschwester Florence Nightingale und der zum Paranoiker gewordene Tycoon Howard Hughes –, sagen wir gemeinhin: Er ist ein HYPOCHONDER.

→ Best of

Geschichte 093 Welche Schwierigkeiten bei der Überführung der 400 Tonnen schweren, zerbrechlichen Beutekunst zu bewältigen gewesen sein müssen, ließ sich erahnen, als das heidnische Kultsymbol 1.500 Jahre später an einen anderen Platz verfrachtet werden sollte. Sechs Wochen hatte es gedauert, um das Monument die knapp 300 Meter bis zu seinem neuen Standort zu schleppen.

die Seile

Bevor es erneut aufgerichtet wurde, befestigte man ein Kreuz an der Spitze, zum Zeichen dafür, dass es nun zu Ehren des christlichen Gottes in den Himmel ragen sollte. Im Morgengrauen des 10. Septembers 1586 war es soweit. 900 Arbeiter, 148 Pferde und ein ausgeklügeltes System von Seilen, Winden und Flaschenzügen standen bereit, um das Wunderwerk zu vollbringen. Atemlos verfolgten Hunderte von schaulustigen Römern das Spektakel. Nur das Ächzen der Seile und das Schnauben der Pferde waren zu hören. Damit die Befehle von Domenico Fontana, dem Leiter der gesamten Operation, jederzeit deutlich zu verstehen sein würden, war es Zuschauern und Arbeitern bei Todesstrafe verboten worden, auch nur einen einzigen Laut von sich zu geben. Das Monument war bereits halb aufgerichtet und schwebte sozusagen zwischen Himmel und Erde, da bemerkte einer der Zuschauer, der Matrose Bresco aus San Remo, dass einige der Seile offensichtlich durch die Reibung überlastet waren und zu qualmen begannen. Ohne nachzudenken, schrie er, so laut er konnte, »Aqua alle corde« - Wasser auf die Seile! Und damit verhinderte er in letzter Sekunde eine Katastrophe. Dennoch wurde der Matrose von den Wachen verhaftet und vor den Papst geschleppt. Der aber hatte sehr wohl begriffen, was er dem Mann zu verdanken hatte. Und anstatt ihm dem Henker auszuliefern, gewährte er ihm eine besondere Gnade. Noch heute genießt die Familie Bresco das Privileg, am Palmsonntag aus ihrem Familiengarten die Palmzweige für den Petersdom liefern zu dürfen.

Als Dank dafür, dass er dazu beigetragen hatte, ein ursprünglich heidnisches Kultmal zu erhalten, hatte der Papst der Familie aus San Remo für alle Zeit dieses Recht zugestanden. Und bis heute steht er auf dem Petersplatz in Rom – jener einzigartige ägyptische OBELISK.

→ Best Of

Der skrupellos Heilige

Geschichte 094 Für seine Gegner war er das Monster des Kapitalismus, der Mephisto von Cleveland, der größte Kriminelle im Land, habgierig und selbstgefällig. Aber John war ein zutiefst gläubiger Mensch. Er betete mehrmals täglich und hielt sein Leben lang engen Kontakt zu frommen älteren Damen, die sich der Errettung sündiger Seelen verschrieben hatten. Doch Johns Seele musste niemand retten. Er wusste, dass er von Gott auserwählt war. Zeit seines Lebens behielt er seinen mystischen Glauben bei und behauptete auch öffentlich, dass ihm der Schöpfer selbst zu seinem Geld verholfen habe. Doch der hatte wohl bei den meisten von Johns Geschäften weggeschaut. Vor allem, wenn seine »Brandbanden« unliebsame Konkurrenzunternehmen in Flammen aufgehen ließen oder in die Luft sprengten. Es hieß, John habe ein ansehnliches Konto nur mit Bestechungsgeldern. Und wenn einmal ein Firmeneigentümer nicht freiwillig verkaufen wolle, werde er ihn auf seine besondere Art und Weise um Kopf und Kragen bringen. Im Jahre 1872 »erledigte« er in Cleveland in wenigen Wochen 22 seiner 26 Konkurrenten – ein in der Geschäftswelt einmaliges Massaker. Am Ende seines Feldzugs gehörte John eine ganze Branche, von der Produktion bis zum Verkauf an den Endverbraucher, und er war unermesslich reich geworden.

Seine Kinder profitierten allerdings kaum von diesem Reichtum. Ihr Taschengeld war geringer als das ihrer Klassenkameraden, auch mussten sie sich zu viert ein Fahrrad teilen. Johns Motiv war keineswegs Geiz, er wollte seine Kinder lediglich sein eigenes Lebensprinzip lehren: sparen und teilen. »Mit Birkenrute und Baptismus«, so behauptete er, habe es ihm seine Mutter eingebläut, wobei Hiebe fast genauso häufig vorgekommen seien wie Gebete. Auf diese Weise habe sie dem kleinen John beizubringen versucht, weltlichen Versuchungen zu widerstehen, hart für sein Geld zu arbeiten und Barmherzigkeit zu üben. Als er im Alter von 97 Jahren starb, hatte er 13 Milliarden Dollar auf seinem Konto.

Das lag vielleicht daran, dass er sein Leben lang den Rat seiner Mutter befolgte: sparen und spenden. Immerhin soll er ja auch fast sechs Milliarden Dollar verschenkt haben, der einst reichste Mann der Welt – JOHN D. ROCKEFELLER.

Tödliche Therapie

Geschichte 095 Risiken und Nebenwirkungen Tränen keine auf, dessen war sich Robert absolut sicher. Sein »Geheimmittel« würde den vielen Schwindsüchtigen helfen, wieder gesund zu werden. Dass er nicht ausschließlich medizinisches Interesse an seinem Präparat, sondern auch schon eine lukrative Vermarktung der Arznei im Sinne hatte, war sein Geheimnis. Der erste Patient, dem er die Injektion zur Heilung verabreichte, war ein 30-jähriger Mann, der nur an einer leichten Form der Krankheit litt. Drei Wochen lang injizierte Robert seine geheimnisvolle Arznei. Doch entgegen seiner Prognose stieg das Fieber, und der Patient starb vierzehn Tage später. Weitere 56 der insgesamt 1700 Patienten, die nach Roberts Methode therapiert wurden, zeigten die gleichen Symptome und überlebten schließlich die Behandlung nicht. Robert jedoch schloss jeglichen Zusammenhang mit seiner Therapie aus. Ja, er wertete die Fieberreaktionen der Patienten sogar als Erfolge. Als sein Kollege Virchow misstrauisch geworden war und die Frage stellte, warum die Krankheit trotz des Geheimrezepts fortschritt, entzog sich Robert der Kritik, indem er eine Ägyptenreise antrat. Auch als es auf dem Wiesbadener Internistenkongress im April 1891 zur kritischen Diskussion über die »Geheimmittel«-Therapie und die Folgen kam, blieb jegliche Selbstkritik von Robert aus. Zwar erfuhr eine größere Öffentlichkeit vom Versagen der Behandlung, doch die Erörterung blieb weitgehend Sache der Ärzte und Forscher. Man entschuldigte sich damit, dass keine Risiken vorlägen, sondern Gefahren. Und Gefahren galten gemein als unberechenbar, ja als schicksalhaft. Daher konnte auch niemand für sie verantwortlich gemacht werden. Der Skandal wurde vertuscht, niemand wollte davon gewusst haben.

Bei Robert, der sich für die Vermarktung schon den klingenden Namen »Tuberkulin« ausgedacht und im Zuge der Erprobung des Medikaments fahrlässig 56 Menschen in den Tod geschickt hatte, handelte es sich um niemand anderen als den berühmten Bakteriologen ROBERT KOCH.

→ Best Of

Eine uralte

Geschichte 096

Nach einem musikalischen Wettstreit zwischen Apollon und Pan – so eine alte griechische Überlieferung – ernannte der phrygische König Midas nicht ganz gerechtfertigt den bocksfüßigen Hirtengott Pan zum Sieger. Aus Ärger und um ein Exempel zu statuieren, ließ Apoll dem König Eselsohren wachsen. Das blieb dem Friseur des Königs nicht verborgen.

Geschichte

Er war schockiert, wollte das Geheimnis aber tief in seinem Herzen begraben. Da er das aber auf die Dauer nicht durchhielt, grub der Friseur ein Loch und vertraute die Sache der Erde an. Das hätte er besser nicht tun sollen, denn eine bestimmte Sorte von Gräsern, die dort wuchs, fing seine Worte auf und posaunte sie überall in der Welt herum, sodass die Schmach des Königs in kurzer Zeit zu einer allgemein bekannten Tatsache wurde – und keinem einzigen mehr als Neuigkeit aufgetischt werden konnte. Das ist natürlich alles nur Legende. Umso verwunderlicher ist es, dass sich Zitate über die Geschwätzigkeit jener Gräser auch noch in der Neuzeit und in verschiedenen Kulturkreisen finden lassen. Wie in den Komödien des Plautus tauchten in mittelalterlichen Texten und im 18. Jahrhundert auch bei Christoph Martin Wieland derartige Hinweise auf. Selbst heute noch beziehen wir uns auf jene Grasart, wenn wir eine Redewendung gebrauchen, mit der etwas als so selbstverständlich beschrieben werden soll, dass es sich gar nicht lohnt, darüber zu diskutieren. Wahrscheinlich spielt die ganz besondere Beschaffenheit des Grases eine Rolle, bei dem es sich nämlich um eine seltene, knotenlose Sorte handelt, was das Ganze sozusagen zu einer »glatten Sache« macht.

Und nichts anderes meinen wir, wenn wir uns bei einem zwar zutreffenden, aber überall bekannten und daher kaum mehr sensationellen Ereignis die Bemerkung nicht verkneifen können: Das ist doch eine BINSENWEISHEIT.

Rätselhafte Zahlenreihen

Geschichte 097 Er hatte »ach, Philosophie, Juristerei und Medizin und leider auch Theologie durchaus studiert mit heißem Bemühen«, doch anders als sein berühmter Kollege Faust war Gottfried danach klüger als zuvor. Noch 1920 wurde eine Rechenmaschine genutzt, die 1694 nach seinen Plänen gebaut worden war. Mit einer durch Windkraft betriebenen Pumpe zur Wasserregulierung in den Harzbergwerken war er allerdings weniger erfolgreich. Dafür entwickelte er die mathematische Logik, die Differentialrechnung und auch das Gesetz von der Erhaltung der Kraft, ganz abgesehen von seinen umfangreichen philosophischen Schriften. Doch noch etwas beschäftigte den Wissenschaftler sein Leben lang. Er hatte ein Zahlensystem konzipiert, dessen Ordnung und Harmonie von keiner der bekannten Anordnungen übertroffen wurde. Gottfried war sich sicher, dass seine Entdeckung von außerordentlicher Bedeutung sein musste. In einem umfangreichen Briefwechsel mit den bedeutendsten Gelehrten seiner Zeit, vor allem mit seinen französischen Kollegen und dem Philosophen Spinoza in Den Haag, diskutierte er seine Erkenntnisse. Am 4. April 1701 schrieb er an den Mathematiker Marquis de l'Hopital, er sei davon überzeugt, »dass durch dieses Mittel und durch die unendlichen Reihen, dargestellt in dieser Form, etwas zu erreichen ist, was auf andere Weise nicht leicht gewonnen werden kann.« Doch bis zu seinem Tod fand Gottfried keine Anwendung für sein Ordnungssystem. Auch in den anschließenden beiden Jahrhunderten konnte keiner der berühmten Mathematiker einen praktischen Nutzen der Reihen erkennen. Erst moderne Konstrukteure begriffen die Großartigkeit von Gottfrieds Erkenntnissen. Als Grundvoraussetzung für die Entwicklung des Computers musste ein Zahlensystem gefunden werden, das Strom ein- oder ausschalten würde, das also mit Ja oder Nein dargestellt werden konnte. Die Lösung lieferte das von Gottfried vor dreihundert Jahren im Kontext der Erforschung der Logik-Kalküle entwickelte Ordnungssystem.

Heute weiß man, dass diese Erkenntnis des genialen Denkers Gottfried Wilhelm Leibniz wahrhaftig visionär war: das Binärsystem mit den Zahlen NULL UND EINS.

Maitre

Geschichte 098 Eine Maitre Licoriste war im 19. Jahrhundert so etwas wie ein Barmixer, der die Eigenschaften unzähliger Pflanzen und Gewürze kannte und originelle Getränke zu mischen verstand. Es war eine besondere Kunst, die Aromen durch Mazeration, Infusion oder Perkolation zu gewinnen und zu verarbeiten.

Licoriste

Um diesen Beruf zu erlernen, hatte der junge Gaspare mit 14 Jahren in der berühmten Bar »Bass« in Turin seine Ausbildung begonnen. Als fertiger Maitre Licoriste ging er nach Mailand und führte das eher bescheidene Café »Duomo« gegenüber dem Mailänder Dom. Durch den Bau der prachtvollen Einkaufspassage, der so genannten »Galleria«, wurde Gaspares Café zunächst vertrieben. Doch der clevere Gaspare hatte ein großzügiges Abfindungsangebot abgelehnt und sich als Entschädigung das erste Lokal am Haupteingang der Passage erbeten. Die Stadt hatte die Bedingung schließlich akzeptiert, und im Jahre 1867 eröffnete er seine neue, typisch italienische Bar mit direktem Blick auf die mächtige Kirche. Hier servierte Gaspare jetzt ein selbst kreiertes Hausgetränk. Nach strenger produktkritischer Definition war sein Apéritiv all'uso d'Hollanda – wie die damals in Mode in Italien gekommenen Drinks genannt wurden – nichts anderes als ein aromatischer Kräuterlikör. Er bestand aus Kräuter-, Früchte- und Wurzelextrakten sowie Weingeist, kristallinem Zucker und destilliertem Wasser. Es war allerdings keineswegs die streng geheim gehaltene Mischung der Zutaten, die Gaspares Spezialität besonders erfolgreich machte. Vielmehr war es das Ingredienz einer winzigen Laus mit dem Namen Cochenille, mit der Gaspare seiner Kreation eine unverwechselbare Note verlieh. Der Farbstoff »echtes Karminrot«, der aus den getrockneten Panzern der Laus gewonnen wird, verlieh dem Getränk seine auffallende und sehr typische Farbe.

Der Name des Getränks hat allerdings nichts mit der auffälligen Farbe zu tun. Kurz und bündig hatte der Mailänder Barbesitzer und Maitre Licorist Gaspare dem berühmten roten Bitter den eigenen Familiennamen verpasst: CAMPARI.

→ Best Of

Die

Geschichte 099 Im Revolutionsjahr 1848 emigrierte Heinrich nach Amerika. Für den 30-jährigen Uhrmacher aus der Nähe Hannovers waren die Zeiten auf dem alten Kontinent zu unruhig geworden. Er eröffnete in New York einen Uhrenmacherladen, doch der wirtschaftliche Erfolg blieb aus. Und wenn die Kasse wieder mal leer war, zweifelte Heinrich daran, ob sein Entschluss, in die neue Welt auszuwandern, richtig gewesen war. Schließlich hatte er seine Heimat aus politischen Gründen verlassen. In Deutschland waren seine Uhren, seine optischen Geräte und seine Quecksilberbarometer immer begehrt gewesen. Auch am Polytechnikum in Hannover war sein handwerkliches Geschick, komplizierte optische und technische Geräte zu fertigen, geschätzt worden. Seine besondere Liebe galt ungelösten physikalisch-technischen Problemen, mit denen er sich auch in Amerika weiter beschäftige. Immer wieder explodierte und funkelte es in Heinrichs New Yorker Werkstatt. Doch als er mit elektrischem Strom aus einer Zink-Kohlebatterie seinen Laden hell illuminierte, verbot ihm die alarmierte Feuerwehr weitere Vorführungen dieser Art. Der Gedanke, eine Lichtquelle mit Strom zu erzeugen, faszinierte Heinrich. Unbeirrt setzte er seine Experimente fort. Schließlich gelang es ihm, in einer luftleer gepumpten Eau-de-Cologne-Flasche eine verkohlte Bambusfaser zum Glühen zu bringen. Seine Lichterfindung funktionierte, aber seine finanziellen Mittel reichten leider nicht aus, um sie patentrechtlich schützen zu lassen. Im Jahr 1893 wurde in einem großen Prozess über Urheberrechte an elektrischem Licht gerichtlich festgestellt, dass ein deutscher Uhrmachermeister 1854, also bereits 39 Jahre zuvor, eine gebrauchsfähige Glühbirne erfunden hatte.

Bambus

faser

Es war also nicht, wie heute noch allgemein angenommen, Thomas Alva Edison, der die Glühbirne erfunden hat, sondern vielmehr der deutsche Uhrmachermeister HEINRICH GÖBEL.

Hand arbeiten

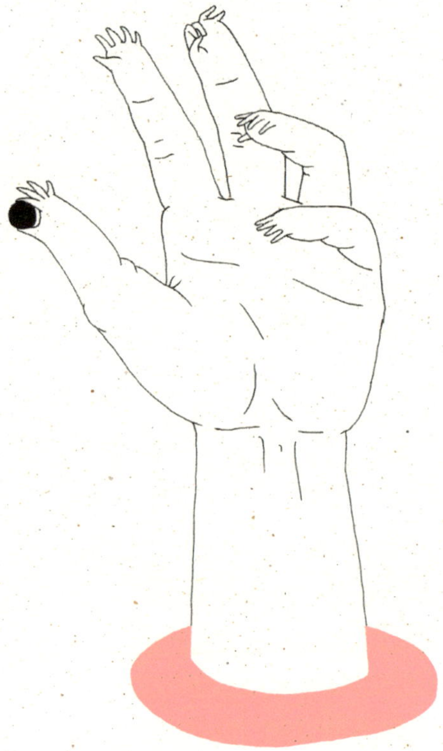

Geschichte 100 Die Geschichte beginnt im Jahr 1714, als der britische Ingenieur Henry Mill eine ziemlich detaillierte Beschreibung seiner Erfindung beim Patentamt einreicht. Leider ist nur diese Patentschrift erhalten, nicht aber die Maschine selbst, und es existieren auch keine Zeichnungen von ihr. Vielleicht ist sie auch nie gebaut worden, weil die Zeit für Mills Erfindung noch nicht reif war. 1830 – als erst 100 Jahre später – lässt sich der Amerikaner William Austin Burt eine ähnliche Apparatur patentieren, und noch im gleichen Jahr entwickelt auch Karl Freiherr von Drais ein solches Gerät. Danach beschäftigen sich immer mehr Tüftler mit derlei Konstruktionen. Der Italiener Giuseppe Ravizza dachte wohl an ein Klavier, als er 1855 sein Cembalo scrivano baute. Und der Tiroler Tischler Peter Mitterhofer schreinerte 1864 eine aus Holz und Lederflicken bestehende Apparatur. Doch weder Kaiser Franz Josef, der Mitterhofer 200 Gulden schenkte, noch die Professoren des Wiener Polytechnikums erkannten den Nutzen, der in diesem Gerät steckte. Erst die Amerikaner Charles Glidden und Christopher Latham Sholes begriffen, dass die Idee des Tischlers genial gewesen war. Die Sholes-Glidden-Maschine, die 1874 auf den Markt kam und endlich den Durchbruch schaffte, arbeitete genau nach dem Prinzip Mitterhofers.

Was war geschehen? Ende des 19. Jahrhunderts hatten Unternehmer angefangen, bestimmte Büroarbeiten zu delegieren. Zuerst waren es Männer, Vertraute des Chefs, die sich mit dem neuen Apparat anfreundeten. Doch als sie merkten, dass der Fortschritt sie vom Kopfarbeiter zum Handlanger machte und sie damit austauschbar wurden, überließen sie das Feld freiwillig weiblichen Mitarbeitern. Frauen waren schneller, anpassungsfähiger, anspruchsloser und billiger als ihre männlichen Kollegen. Schließlich verhalf die Industrialisierung der Maschine von Sholes und Giddens zum durchschlagenden Erfolg.

Inzwischen wird die Maschine, die lange Zeit für saubere Dokumente und Sehnenscheidenentzündungen sorgte, allmählich vom Computer verdrängt, die vor fast 300 Jahren erstmals von einem englischen Tüftler erdachte SCHREIBMASCHINE.

Teufels werkzeug

Geschichte 101 In einer Urkunde des Jahres 1245 über den Verkauf einer Wiese in Freiburg wird ein gewisser Vater Berthold genannt. Sonst weiß man eigentlich kaum etwas über den Freiburger Franziskanermönch, obwohl er Bahnbrechendes erfunden hatte. Es waren seinerzeit wohl nur ein paar Handwerker, die Bertholds Erfindung kannten, und die hüteten ihr Wissen. Dabei war die ganze Sache überhaupt nicht neu, sie war nur in Vergessenheit geraten. Wahrscheinlich hat sie ihren Ursprung in China oder Indien, auch in Europa war sie bereits 660 n. Chr. als „griechisches Feuer" bekannt gewesen. Dennoch schlug die Zufallsentdeckung des Franziskanermönchs ein wie eine Bombe. Dabei hatte er nach etwas ganz anderem geforscht. Bertholds eigentliches Ziel war es gewesen, Silber herzustellen. Im Mittelalter war es gängige Praxis, allerlei alchemistische Experimente anzustellen. Also versuchte er, silbrig glänzende Quecksilber zu fixieren und hammerfest zu machen. Wie man damals glaubte, musste dafür zunächst der Geist des Quecksilbers getötet werden. Und da der Geist dem Feuer feindlich ist und als Rauch entweicht, stellte Berthold das Quecksilber auf eine offene Flamme. Das Experiment missglückte, kein Geist entwich. Also griff Berthold zu einem radikaleren Mittel und gab feurigen Schwefel und kalten Salpeter zusammen mit dem Quecksilber in eine Büchse, verschloss sie und erhitzte sie im Feuer. Was dann passieren musste, ist heute jedermann klar: Der Schwefel entzündete sich, konnte neben dem kalten Salpeter nicht mehr existieren und zerriss unter furchtbarem Knall die Büchse. Vom Silbermachen war danach keine Rede mehr.

Berthold hatte durch Zufall das Schießpulver wieder entdeckt, das keineswegs wegen seiner Farbe, sondern nach seinem Entdecker – Franziskanermönch Berthold der Schwarze – SCHWARZPULVER heißt.

→ Best Of

Ein unsterblicher Liebhaber

Geschichte 102 Man stelle sich vor, da wird mitten im Jagdgetümmel ein Jüngling von einem wütenden Eber angegriffen und tödlich verwundet. Was wie ein tragischer Unfall aussieht, wird bald als Mord bezeichnet und dem mächtigen Kriegsgott Ares angelastet. Es heißt, der habe den Eber aus schierer Eifersucht auf den schönen Jüngling gehetzt, um ihm unmissverständlich klar zu machen, dass er nutzlos und vor allem sterblich sei. Der Grund dafür: Aphrodite, die Göttin der Schönheit und der Liebe und Gemahlin des Ares, hatte den Jüngling, der noch dazu ein Königssohn war, zu ihrem heimlichen Liebhaber auserkoren! Schon in den Neugeborenen hatte sich Aphrodite verliebt, weil er so süß gewesen war wie Amor selbst. Wohl deshalb hatte sie das Kind vor den anderen Göttern in einem Kästchen versteckt und der Persephone, der Herrscherin über die Unterwelt, zur Aufbewahrung gebracht. Doch Persephone erging es bei seinem Anblick nicht anders, und sie weigerte sich, der Aphrodite den Knaben zurückzugeben. Göttervater Zeus persönlich schlichtete den Streit. Ein Drittel des Jahres sollte er Persephone, ein Drittel Aphrodite gehören und über den Rest selbst verfügen können. Aber auch diese Zeit verbrachte er freiwillig mit Aphrodite. Was hatte dieser jugendliche Held bloß an sich, dass sich selbst Göttinnen Hals über Kopf in ihn verliebten? Es werden wohl seine anmutige Gestalt gewesen sein und die üppige Lockenpracht, die ihn so unwiderstehlich machten. Besondere Heldentaten wurden ihm nicht zugeschrieben, eher eine kindliche Unreife und Naivität. War es diese Knabenhaftigkeit, die ihn nicht nur für Aphrodite zur Kultfigur machte, sondern auch zum posthumen Lustobjekt des Dionysos, der Herakles oder des Apollon? Ja, bis heute gilt er als der ideale Geliebte, und sein Name, der tatsächlich so viel bedeutet wie Liebreiz, Genuss oder Lust, wurde zu einem Synonym für den Typus jünglingshafter, doch oberflächlicher männlicher Schönheit.

Noch heute wird ein schöner junger Mann – meist von neidischen Konkurrenten – mit Bezug zum Namen des legendären Liebhabers der Aphrodite als ADONIS bezeichnet.

→ Begriff

Der

Geschichte 103 Lorenzo wurde 1749 in Italien, im heutigen Vittorio Veneto, geboren. Nach dem Übertritt der Familie vom mosaischen zum katholischen Glauben erhielt er, wie es damals Brauch war, den Namen des Bischofs seiner Geburtsstadt. Damit war auch die Ausbildungsfrage entschieden: Er wurde Priester. Sein neuer Lebensstil widersprach jedoch seinen Neigungen und gab, wie er später schrieb, „zu vielerlei sonderbaren Begebenheiten Anlass ..." Eine dieser Begebenheiten endete vor Gericht. Der pflichtvergessene Geistliche wurde wegen Ehebruch und Konkubinat angeklagt. Als er seine Geliebte und Mutter seiner drei Kinder aus dem Haus ihres Gatten entführen wollte, gebar sie auf offener Straße seinen letzten Sprössling. Selbst für das freizügige Venedig, das auch einem Priester ein gewisses savoir vivre gönnte, war mit diesem Eklat das Maß voll. Don Lorenzo wurde ausgewiesen. Er begann ein Wanderleben: Paris, Prag, Dresden, Wien, immer auf der Flucht vor eifersüchtigen Frauen und auf der Suche nach Arbeit, genau wie sein Freund Casanova. Doch sein Name wäre längst vergessen, hätte er sich nicht mit Hilfe eines anderen Genies die eigene Unsterblichkeit gesichert. In Wien wurde Lorenzo, der zuvor niemals eine einzige Zeile geschrieben hatte, von Kaiser Joseph II. zum Hofdichter ernannt. Dadurch kam es zu einer einzigartigen musikalisch-dramaturgischen Zusammenarbeit, die bei dem Italiener ungeahnte schöpferische Kräfte weckte, und zu einer einmaligen künstlerischen Identität von Sprache und Musik führte. Weil die Musik unsterblich geworden ist, fällt auch immer etwas Glanz auf den Textdichter Lorenzo.

Mozart-Macher

Als Vorlage für die drei Opern „Le nozze de Figaro“, „Don Giovanni“ und „Così fan tutte“ dienten – so heißt es – Lorenzos eigene erotische Abenteuer. Denn der Mann, der zur Musik von Wolfgang Amadeus Mozart die berühmten Libretti schrieb, war der ehemalige Abt Lorenzo da Ponte.

Geschichte 104

Das Jahr 1928 war für die Musik ein besonderes Jahr. Arnold Schönberg, Paul Hindemith, Bela Bartok komponierten Stücke in nie gehörter Tonalität, die überall Aufsehen erregten. Und was George Gershwin, Kurt Weil, Igor Strawinsky hervorbrachten – „Ein Amerikaner in Paris“, „Die Dreigroschenoper“, „Apollon Musagète“ –, das revolutionierte erst recht die Musikszene.

auf geben

Ob in Wien, Paris, oder Budapest – viele angehende Musiker fanden schnell Beschäftigung, nicht zuletzt durch den aufkommenden Tonfilm und im Schallplattengeschäft. Kein Wunder, dass auch Jean-Baptiste, ein 18-jähriger, hoch begabter Gitarrist, der mit seiner Familie von Belgien nach Paris übergesiedelt ist, von Ruhm und Reichtum träumt. In bestimmten Kreisen gilt er mit seinem klassischen Gitarrenspiel schon als Shooting Star. Doch plötzlich verschwindet Jean mit einem Schlag in der Versenkung. Man munkelt, es sei ihm etwas zugestoßen. Außerdem ist er ein Zigeuner, und vielleicht sonst wo hingezogen mit seinem Clan. Aber Jean ist noch immer in Paris, und eines Tages tritt er auch wieder auf. Allerdings nicht mehr im klassischen Bereich, sondern er spielt Jazz. Und zwar auf eine ganz besondere Weise. Die bewirkt, dass er schon bald in der sonst von den schwarzen US-Musikern beherrschten Domäne zu großen Ehren kommt. Er hat einen ganz eigenen Jazzstil auf der Gitarre entwickelt, der an der spanischen Zigeunermusik orientiert, faszinierend und neu ist. Zusammen mit dem Geiger Stéphane Grappeli gründet Jean den Hot Club de France, ein von Kennern hochgeschätztes Jazz-Quintett. Jeans Gitarrensolos zeichnen sich aus durch die unnachahmliche Art, wie er die langsamen Tempi spielt. Und damit hatte es eine ganz besondere Bewandtnis. Nachdem er 1928 bei einem Brand seines Wohnwagens so starke Verbrennungen erlitten hatte, dass er zwei Finger der linken Hand nicht mehr bewegen konnte, tat er alles, um wieder spielen zu können.

Dank unermüdlicher Geduld und langen Trainings eignete er sich mit drei Fingern eine ganz spezielle Grifftechnik an und wurde damit zum ersten europäischen Jazzmusiker mit Weltruhm – der wunderbare Gitarrist JEAN DJANGO REINHARDT.

→ Best Of

Die

Geschichte 105 Aus der französischen Provinz in der Gegend von Nantes ist eine Geschichte von einem Adeligen überliefert, der seine sechs Gattinnen ermordet haben soll. Die siebte konnte sich gerade noch retten und zeigte den Übeltäter an. Historisch belegt ist eine andere Geschichte über einen Massenmörder namens Gilles de Rais, der am 26. Oktober 1440 gehenkt wurde. Das Anklageprotokoll, eines der grauenvollsten Zeugnisse aus dem Mittelalter, umfasst 49 Punkte –von Mord und Unzucht über Teufelsbeschwörung und Ketzerei bis hin zur Gotteslästerung. Als junger Mann war der französische Marschhall Gilles de Rais an der Seite von Jeanne d'Arc in die Schlacht gezogen, um mit Gottes Hilfe die Engländer aus Frankreich zu vertreiben. Nachdem die Heilige Johanna trotz ihres siegreichen Feldzugs verbrannt wurde, endete auch die militärische Laufbahn von Gilles. Obwohl er als tiefgläubiger Mensch galt, war er einem bestimmten Schönheitsideal aus blondem Haar, wohlgeformtes Gesicht, grüne Augen, einen frischen Mund und schneeweiße Haut. Kein Knabe durfte jünger als sieben und älter als achtzehn sein. Nachdem immer mehr Eltern ihre Kinder vermissten, kam der Verdacht auf, dass Gilles de Rais sie entführt hatte. Allmählich schloss sich die Indizienkette und am 29. Juli 1440 wurde Anklage erhoben. Obwohl die Prozessakten detailliert und lockenlos vorhanden sind, gerieten sein Name und sein mordlüsternes Leben in Vergessenheit. Doch irgendwie sind beide Gruselgeschichten später miteinander verwoben worden.

Ver
wechslung

Der französische Marschall de Rais, der über 100 Knaben ermordete, und jener namenlose Ritter aus der Gegend von Nantes, der seine sechs Gattinnen umgebracht haben soll, sind nämlich zu einer literarischen Figur verschmolzen – zu dem berühmten RITTER BLAUBART.

→ Best of

Selt same

Geschichte 106 Zu allen Zeiten und in allen Religionen gab es Gruppierungen, die sich vom Mainstream abspalteten und eigene Glaubensgemeinschaften bildeten. Im Islam waren es unter anderem die Sufis, bei den Juden die Chassidim, bei den Hindus die Jain, und bei den Christen gab es Protestanten, Baptisten, Calvinisten und viele andere.

Heilige

Die Unterscheidung zwischen Religionen und Sekten fällt nicht immer leicht, neue religiöse Richtungen fanden immer Anhänger und bestehen seit Jahrhunderten fort, wenn auch nicht immer ohne Anfeindung. Es ist schwer, zu entscheiden, ob es sich bei einem neuen Messias um einen Scharlatan oder um einen wirklich Erleuchteten handelt. Mitte des 19. Jahrhunderts tauchte im Staat New York ein 14-jähriger Junge auf, der erklärte, er habe eine Offenbarung gehabt. Gott habe gewollt, dass er – Joseph Smith – ein neues Buch der Bibel als neuer Moses oder Messias – man weiß es nicht so genau – etabliere. Weil Smith seine Vision mit der Waffe in der Hand zu verbreiten versuchte, kam er ins Gefängnis und wurde schließlich von einer wütenden Menge gelyncht. Um den Verfolgungen zu entgehen, verließ sein Nachfolger Brigham Young mit den Gläubigen der neu ernannten „Kirche Jesu Christi der Heiligen der letzten Tage" den Staat New York. Auf der Suche nach dem vorhergesagten richtigen Platz zogen sie bis hoch in die Rocky Mountains. Dort leben ihre Nachkommen noch heute in einer gottverlassenen Wüstengegend an einem salzigen See nach den strengen Regeln der Gemeinschaft, die ihnen jede Unmäßigkeit verbieten. Sie haben ihre eigene heilige Stadt und sind wirtschaftlich sehr erfolgreich. Sie konsumieren weder Alkohol, Kaffee, Tabak noch andere Drogen, haben keinen Klerus und leben nüchtern, einfach und getreu dem alttestamentarischen Leben der Stämme Israels, um so ihre Wiederauferstehung zu sichern.

Ihre Millionen von Anhängern zählende Glaubensgemeinschaft wird in den USA als Religion anerkannt, und bis heute bezeichnen sich diese „Heiligen der letzten Tage" nach dem von ihrem Vorkämpfer Joseph Smith benannten biblischen Propheten Mormon als MORMONEN.

→ Best Of

Wer ist denn das?

Geschichte 107 Merkwürdig, wie sehr manchmal ein einziger Mann das Menschenbild einer ganzen Religion prägt. Vielleicht vereinen sich ja in seiner Person bestimmte, mancherorts besonders hoch geschätzte Qualitäten. Es gab jedenfalls niemanden, der so hundertprozentig als norddeutscher Prototyp galt und quasi zum Roll-Model des echten Hamburgers wurde wie einst Hans Albers. Kein Wunder, denn er war ein allseits beliebter und viel beschäftigter Heldendarsteller des deutschen Vor- und Nachkriegsfilms. Umso erstaunlicher ist es, dass zwanzig Jahre später ein Kerl namens Franz Eugen zu seinem direkten Nachfolger wurde, obwohl er mit dem Idol vom großen, blonden, blauäugigen Kraftprotz wenig gemein hatte. Außer vielleicht das Markenzeichen des „Stolperns übern spitzen Stein". Seine Treue und Anhänglichkeit zu allem, was mit Meer, norddeutscher Heimat, Fernweh, Reisen in die große weite Welt und Heimkehr zur Liebsten zu tun hatte, ließen wohl vergessen, dass er eher kleinwüchsig, stämmig und dunkelhaarig war. Für viele, vor allem reifere Damen, verkörperte er jahrelang ein gewisses Draufgängertum und die Inkarnation jener Sehnsüchte, die mit Nordseewelten, Reeperbahn und dem frischen Jungen von der Waterkant zusammenhängen. Inzwischen ist Franz Eugen ein bisschen antiquiert, aber Ende der sechziger bis Mitte der siebziger Jahre rangierte er ganz vorn in der Publikumsgunst und räumte alle begehrten Auszeichnungen ab – Goldene Löwen, Goldene Ottos, Bambis – und wie sie alle hießen. Geradezu sprichwörtlich war sein Heimweh nach dem Norden, obwohl der Name Franz Eugen wahrlich nicht sehr norddeutsch klingt. Tatsache ist, dass er 1931 als Sohn einer österreichischen Journalistin und eines irischen Kaufmanns und keineswegs an der Nordseeküste auf die Welt kam. Erst als gestandener Mann gelangte er über verschiedene abenteuerliche Umwege unter anderem von Amerika nach Hamburg. Dort wurde er dann der, als den ihn alle Welt kennt: der Junge von Sankt Pauli!

Und das, obwohl er in Wien geboren und aufgewachsen ist – der Schauspieler, Schlagersänger und zigfache Plattenmillionär mit der großen Sehnsucht nach dem Meer – Franz Eugen, Helmuth, Manfred Nidl-Petz – besser bekannt unter dem Namen FREDDY QUINN.

Der Schnupfen danach

Geschichte 108 Die einen empfehlen den regelmäßigen Besuch der Sauna, andere halten die tägliche Dosis Vitamin C für das Mittel der Wahl, um die alljährlich wiederkehrende Tropfnase zu vermeiden. Die Wirksamkeit dieser Hausrezepte ist allerdings umstritten, weil wir nicht wissen, woher der Schnupfen kommt. Eine ebenso überraschende wie einleuchtende Erklärung präsentierte der große Philosoph Aristoteles im vierten vorchristlichen Jahrhundert. Er erklärte, halb physiologisch, halb meteorologisch – „das Kleine mit dem Großen vergleichend" – die Entstehung des Schnupfens analog zur Entstehung des Regens. Nun hatte man damals eine etwas andere Vorstellung von der menschlichen Anatomie. Aristoteles dachte, dass alle psychischen, lenkenden Funktionen dem wichtigsten und leitenden Organ, dem Herzen, zuzuschreiben wären und dass das Gehirn nichts anderes sei als eine Kältekammer zum Ausgleich des Wärmehaushalts. Blut galt als feinstverdaute Nahrung, die im Herzen wie in einem großen Kessel gesammelt, dann erhitzt und sogar verdampft wurde, um so den übrigen Organen zugeleitet zu werden. Wenn diese heißen Dämpfe nach oben in die kalten Regionen des Gehirns stiegen, käme es an dieser „Kaltfront" zu Kondenswasser, eben Schnupfen. Genauso wie die warmfeuchte Luft von der Erde aufsteigt, sich in der Höhe abkühlt und als Regen wieder auf die Erde hinab fällt. Die griechische Medizin nannte den menschlichen Schleimfluss von der Hirnregion zur Nase hinab einen katarrhus, ein Hinabfließen. Die Herkunft der im Deutschen üblichen Bezeichnung Katarrh dürften auch die anno dazumal sprichwörtlich lebenslustigen Leipziger Studenten gekannt haben. Nicht immer scheint es ihnen nach dem Besuch in Auerbachs Keller „ganz kannibalisch wohl als wie fünfhundert Säuen" gewesen sein. Weil bei den Studenten sozusagen der vorabendliche Vorgang des Hinabfließens – von Alkohol – am nächsten Morgen eine „verschnupfte" Stimmung hervorrief, bezeichneten sie diesen als ganz gemeinen Feld-Wald-und-Wiesen-Katarrh.

Dieses Unwohlsein nach dem Genuss von zu viel oder zu schlechtem Alkohol war ein häufig vorkommendes studentisches Problem. Und bald wurde aus dem fremd klingenden griechischen Katarrh der heimisch schnurrende sächsische KATER.

→ Best Of

Vergleichsweise

frivol

Geschichte 109 Kleider machen Leute – das ist einer jener nicht ganz nachvollziehbaren Gemeinplätze. Es kann an den ständig wechselnden Moden und Verrücktheiten der Haute Couture liegen, die nicht selten eher zu erstauntem Kopfschütteln anregen als zu neidvoller Bewunderung, sodass jenes Postulat inzwischen angezweifelt wird. Kaum vorstellbar ist heute auch, wie sehr Menschen in früheren Zeiten unter den stringenten Bekleidungsvorschriften – vor allem bei gesellschaftlichen Anlässen – gelitten haben. Es war nichts dagegen einzuwenden, dass ein Brautkleid lang, weiß und ein wenig sperrig sein musste. Doch für die Männer waren die steifen, dunklen und unbequemen Kleidungsstücke, die sie bei diversen Gelegenheiten würdiger und auch freudiger Art tragen mussten, die reine Qual. Jenes als Anzug in die Historie eingegangene unvermeidlichen Kleidungsstück aus Jacke, Hose und möglichst auch Weste, zusammen mit einem oft genug ebenso eintönig dunklen Halsschmuck war unverrückbar fest vorgeschrieben. Es heißt manchmal, das hätte vor allem die holde Weiblichkeit bei Festen in ihrer ganzen fröhlichen Buntheit der Kleider zur Geltung bringen sollen, aber das stimmt nicht. Auch in reinen Männergesellschaften – etwa in den englischen Clubs – galt diese Anzugbestimmung. 1894 wird in dem Standardwerk „Stile and the Man“ von Alan Flusser erstmals ein neues, aber keinesfalls in Damengesellschaft erlaubtes Kleidungsstück erwähnt. Es soll entstanden sein, weil der Prinz von Wales, der spätere Edward der VII., es strikt abgelehnt hatte, sich jemals in einen der einengenden Abendanzüge mit Frackschwänzen und knochenhartem Hemdkragen zu zwängen. Populär wurde das als frivol, ja, als revolutionär bezeichnete Outfit erst unter dem Herzog von Windsor, der es mit schwarzer Fliege trug. Heute gilt jener damals zunächst verpönte, nur in den Männerclubs erlaubte, mitternachtsblaue oder schwarze Anzug mit schmalem Satinbesatz als Inbegriff korrekter Gesellschaftskleidung.

Wohl wegen der tabakverräucherten Club-Atmosphäre, in der er anfangs getragen wurde, erhielt dieser „Frack ohne Schoß“ den merkwürdigen Namen SMOKING.

→ Best Of

Eine glückliche

Geschichte 110 Alle hatten letztlich versagt und sogar den Tod gefunden, weil sie sich nicht auf die richtige Weise dem Unternehmen annäherten, dessen Rätsel sie lösen wollten. Es waren nicht wenige, die sich bis zur Versessenheit dieser Aufgabe gewidmet hatten. Der Offizier John musste sein Leben lassen, weil er von seinem Begleiter, dem Orientalisten Richard, in einem Streit über die vermeintliche Entdeckung erschossen wurde.

Ein gebung

Der Theologe und Mediziner David profitierte zwar von diesem Ereignis, weil daraufhin ihm der Auftrag erteilt wurde, die noch immer offene Frage zu klären. Als sich der 52-jährige 1865 auf den Weg machte, ahnte er aber nicht, dass es seine letzte Reise sein würde. Er litt so schwer an Malaria und Ruhr, dass er aufgeben musste. Mitsamt seiner zahlreichen Begleiter galt er dann als verschollen. 1871 machte sich der Journalist Henry auf, um ihn zu suchen, was ihm auch gelang. Doch das immer noch nicht gelöste Geheimnis entdeckten auch die beiden nicht. David starb zu früh. Henry, nicht wissend, wie nahe sie dem Ziel gekommen waren, kehrte um. – Es sollte noch 20 Jahre dauern, bis der Österreicher Oskar mit einem ganz anderen Ansatz zum Ziel kam. Der Geograph ging nämlich nicht wissenschaftlich vor, sondern menschlich. Er achtete auf die Beschwörungszeichen, die die Ortsansässigen auf seine Fragen hin machten und erkannt die heilige Bedeutung, die sie dem Ursprung der Angelegenheit beimaßen. So kam es, dass weder die Abenteurer John Speke und Richard Burton, noch die weltberühmten Forscher David Livingstone und Henry Morton Stanley, die jedes Schulkind kennt, das dringend Gesuchte fanden. Es war vielmehr der heute weitgehend unbekannte, vom deutschen Anti-Sklaven-Komitee nach Afrika entsandte Österreicher Oskar Baumann. Sein Hauptanliegen bestand darin, der Welt klar zu machen, dass die Schwarzen auch Menschen waren. Ihm vertrauten die Einheimischen und zeigten ihm sogar ihre heiligen Orte.

Und so kam es, dass Baumann 1893 südwestlich des Viktoria-Sees das in einem kaum zugänglichen, sumpfigen Tal entspringende Kagera-Flüsschen entdeckte und damit den Ursprung des längsten Flusses der Erde: die lange vergeblich gesuchte QUELLE DES NILS.

→ Best of

Kein aufrechter

Geschichte 111 Da gibt man sich oft alle Mühe, ehrlich zu sein und trotzdem nicht ins Fettnäpfchen zu treten, aber das ist gar nicht so einfach. Sagt man beispielsweise frei heraus, was einem an seinem Chef nicht behagt, dann wird man leicht als Querulant abgestempelt. Ist ein Vorgesetzter, dessen Anweisungen unbrauchbar sind, noch dazu eine Frau, gilt eine Bemerkung über ihre Qualifikation sofort als frauenfeindlich.

Gang

Man hält also besser den Mund. Als Kind wird einem zwar beigebracht, aufrichtig und gradlinig zu sein und sich gegen Ungerechtigkeiten zu wehren. Doch später bekommt man nur zu häufig vorgeführt, wie wenig opportun es ist, jemandem zu widersprechen, selbst wenn man Recht hat. So windet man sich und sucht Ausflüchte, um unangenehmen Auseinandersetzungen aus dem Weg zu gehen. Anpassung nennt man das. Und Anpassungsfähigkeit gehört heutzutage zu den besonders hochgeschätzten Tugenden. – Es gab aber auch Zeiten, da wurden Menschen, die schon dem geringstem Widerstand nachgaben und sich von vornherein der Obrigkeit unterwarfen, nicht gerade positiv beurteilt. Vielmehr wurde dieses angepasste Verhalten als Verstellung angesehen, als betrügerische Leisetreterei und Unaufrichtigkeit. Das spiegelt ein Begriff wider, der sich ableitet von „tocken“ – das bedeutete im Mittelhochdeutschen so viel wie „im Verborgenen muscheln“, betrügen, sich ducken – und „musen“, also: Heimlichkeiten treiben, sich diebisch anschleichen. Und wer sich allzu freiwillig unterordnet und seine wirkliche Meinung um eines Vorteils willen verbirgt, für den gibt es ein abgeleitetes ganz spezifisches Schimpfwort.

Obwohl es sich nicht so anhört, steht diese Bezeichnung in Verbindung mit jenem mittelhochdeutschen „tocken“ und „musen“. Von einem besonders heimlichtuerischen und unterwürfigen Anpasser sagen wir nicht, er sei ein „tockmuser“, sondern vielmehr gilt er als ein DUCKMÄUSER.

Dreifinger wirtschaft

Geschichte 112 Um das flüchtige Wort festzuhalten, haben Menschen gemalt und geritzt, sie haben Kerben eingeschlagen, allerlei Zeichen erfunden, bis schließlich unsere Schrift entstand. Doch seit frühester Zeit sollten bestimmte Texte geheim bleiben, und man begann, sie zu verschlüsseln. Berühmt ist die nur aus Linien, Strichen und Punkten bestehende Geheimschrift, die in England im späten Mittelalter von Schreibkundigen für den diplomatischen Dienst und für vertrauliche Mitteilungen der englischen Könige entwickelt worden war. Doch schon im Jahr 63 vor Christus hatte Marcus Tullius Tiro eine spezielle Schrift erfunden. Diese so genannten Tironischen Noten wurden laufend erweitert und mehr als 1000 Jahre angewandt. Christliche Schreiber zeichneten damit Predigten und Märtyrerprozesse auf. In den Kanzleien der Merowinger und Karolinger wurden diese Noten bis ins neunte Jahrhundert verwendet. Erst als die nationalen Sprachen das Lateinische immer mehr verdrängten, verschwanden Tiros Noten. Die geometrischen Figuren waren nur für das Lateinische brauchbar, weswegen nun jeder seine eigenen Kürzel erfand, und die konnten andere kaum entziffern. Franz, ein gebürtiger Münchner mit einer auffallend schönen Handschrift und einer besonderen Fertigkeit in Kalligraphie und Lithographie, entschloss sich, Abhilfe zu schaffen. Volle 17 Jahre knobelte er an einem brauchbaren System. Um sowohl kurz als auch schnell zu sein, verschmolz er vielfach zwei oder mehrere Zeichen miteinander und passte diese dem Fluss der Feder und dem Zug der Hand an. Alle entbehrlichen Wörter ließ er weg. 1834 stellte Franz seine 560 Seiten starke Schreibanleitung vor. Es sei eine „Dreifingerwirtschaft" spottete der bayrische König Ludwig I. über den Erfinder und sein System. Dennoch bestätigte die Akademie der Wissenschaften in München, dass sich mit der neuen Schrift Notizen, Gedanken und Äußerungen viermal schneller festhalten ließen, als mit der üblichen Langschrift.

Auch im Zeitalter des Tonbands behauptete sie sich vor allem in Parlamenten, vor Gericht oder im Management, die Kurzschreibekunst des Franz Xaver Gabelsberger, des Vaters der STENOGRAPHIE.

Wahre Liebe

Geschichte 113 Er war einer der reichsten Männer der Welt und überall gern gesehen. Doch hartnäckig hielt sich das Gerücht, sein gesamtes Imperium sei auf der Basis eines gigantischen Betrugs entstanden. Der einst staatenlose Flüchtling aus Kleinasien hatte seine Karriere mit Tabakimporten in Argentinien begonnen, wobei er mit dem angeblichen Verlust einer Schiffsladung einen großen Reibach machte. Schiffe brachten ihm Glück, das sollte sich sein ganzes Leben lang bewahrheiten. Flugzeuge weniger. Seine Kinder auch nicht. Die hatte er wohl zu autoritär behandelt, zu misstrauisch: Er setzte Detektive auf sie an, ließ ihre Telefone anzapfen und hielt sie vollständig unter Kontrolle. Seine weltweiten Geschäfte leitete er bevorzugt von Bars und Restaurants aus. Er war ein orientalischer Pascha, der von allen geliebt werden wollte und seine Eroberungen stolz der ganzen Welt vorführte. 1959 ließ er sich auf dem Schwarzmarkt Karten für eine Premiere in London besorgen, um so einer der größten Opernsängerinnen seine Verehrung kundzutun. Er himmelte bevorzugt berühmte Frauen an, schmückte sich und seine Yachten mit ihnen wie mit kostbaren Statussymbolen, aber sein Vergnügen fand er bei Mädchen und Frauen einer ganz anderen Kategorie. Im Laufe seines Lebens hat er sich viele Feinde gemacht, meist durch die Unerbittlichkeit seiner Geschäftspraktiken. Es gelang ihm, sich das Transportmonopol für das gesamte Öl der Saudis zu sichern und auch noch von den Amerikanern subventionieren zu lassen. Wirklich skandalös fand man aber in Amerika, dass Jackie Kennedy nur wenige Tage vor der Ermordung ihres Mannes Gast auf einer seiner Luxusyachten gewesen war, und ihn 1968 heiratete. Doch von da an wurde er zur tragischen Figur: Um ihn herum passierten Morde, Selbstmorde, Unfälle. Hinzu kamen die unmögliche Ehe mit der Jetsetterin Jackie und seine eigene, schwere Krankheit. Er lebte zum Schluss sehr zurückgezogen.

Die Frau, die schließlich an Aristoteles Onassis Totenbett stand, war aber nicht seine Ehefrau Jackie, sondern eine, die ihn nach wie vor liebte, obwohl er sie Jackie wegen verlassen hatte – die weltberühmte Operndiva MARIA CALLAS.

→ Best Of

Ein wasserdichter

Geschichte 114

Ein kurzer Bericht im „Gentleman's Magazine of Fashion" von 1839 betrifft ein Sujet, das in der Weltgeschichte offenbar vorher von keinerlei bemerkenswertem Belang gewesen war. Es ging darin um ein neuartiges Kleidungsstück, das man allerdings nicht aus modischen Aspekten anlegte, sondern zum Zweck der Schadensabwehr.

Zufall

Notwendig geworden war es wohl wegen der damals recht empfindlichen Abendanzüge der englischen Gentlemen. Feine Woll- und Kaschmirgewebe, aber auch schwere Tweeds und zarte Seidenstoffe umhüllten den Mann von Welt, der aber nichtsdestotrotz auf dem Weg zur Kutsche oder zum gerade in London neu etablierten öffentlichen Verkehrsmittel Omnibus dem Unbill der Witterung ausgesetzt war. Nun nahm ja der Londoner Nieselregen geradezu legendäre Ausmaße an, und es ging bei dem in jenem Mode-Magazin abgedruckten Artikel um die diesem Umstand Rechnung tragende Erfindung eines Schotten namens Charles. Der hatte höchstwahrscheinlich die Aufzeichnungen des Franzosen gefunden, der sich etwa hundert Jahre zuvor in Französisch-Guayana mit dem gleichen Problem befasst hatte, denn er litt entsetzlich unter dem tropischen Regen. Der Zufall – und die Absonderung eines Tropengewächses – führten dazu, dass er ein bemerkenswertes Unikat herstellte, das aber kaum nutzbar war. Charles, der schottische Erfinder, experimentierte mit dem gleichen Material, wobei die unüberwindliche Steifheit des Probestücks auch ihm die Vermarktung erschwerte. Als ihm ein Student von einer klebrigen Lösung berichtete, die er aus einem Steinkohlen-Teer-Extrakt gewonnen hatte, erwarb Charles diese Erfindung. Er ließ ein mit der Lösung getränktes Gewebe patentieren und daraus jene praktische Oberbekleidung fertigen, die allerdings wegen ihres schrecklichen Geruchs zunächst in Londoner Omnibussen verboten wurde.

Selbst in Deutschland, wo bald andere wetterfeste Sachen hergestellt wurden, ist der Name des schottischen Erfinders Charles Macintosh zu einem Synonym geworden für einen gummierten und garantiert Wasser abweisenden Regenmantel, den MACINTOSH.

→ Best of

Wahre

Geschichte 115 Um schöne Dinge, edle Menschen und mutige Taten bilden sich gern Legenden. Nur schwer ist zu überprüfen, ob sie auf Tatsachen beruhen, reine Erfindung sind oder wenigstens ein Körnchen Wahrheit enthalten. Wahr ist, dass Alberto ein mutiger und außergewöhnlicher Mensch war – ein unruhiger Geist, dessen rege Phantasie durch den in seiner Jugend sehr populären Romanautor Jules Verne beflügelt wurde. Beflügelt im wahrsten Sinne des Wortes, denn der 1873 geborene Alberto beobachtet schon als kleiner Junge in seiner südamerikanischen Heimat alles, was in den Lüften vor sich geht, vor allem den majestätischen Flug des Kondors. Als Alberto um die Jahrhundertwende nach Paris kommt, fasziniert ihn, obwohl er als reicher Dandy ein illustres Leben führt und ebensolche Freunde hat, nicht so sehr die Kunstwelt als vielmehr die Technik. Den Himmel will er erobern, und das gelingt ihm auch: Er bekommt einen Preis für die erste Umrundung des Eifelturms mit einem motorisierten lenkbaren Ballon und wird als Held gefeiert. Alle bewundern die Eleganz seiner Erscheinung und begeistern sich für seine Exzentrik sowie seine Experimente mit Montgolfieren und Flugmaschinen. Am 22. Oktober 1906 besteigt Alberto ein faszinierendes Luftfahrzeug – ein motorengetriebenes Gerät, das schwerer ist als Luft – und fliegt damit 60 Meter. Dieser Rekord macht den jungen Ikarus international bekannt und berühmt, woran auch die für Alberto persönlich enttäuschende Tatsache nichts ändert, dass die Gebrüder Wright in den USA seinen Rekord umgehend einstellen. Am 23. Juli 1932 nimmt sich Alberto – angeblich aus Verzweiflung über die zerstörerische militärische Nutzung von Flugzeugen – das Leben. Aber nicht so sehr seine Verdienste als Flugpionier sind es, die seinen Namen unsterblich gemacht haben, vielmehr ist es ein Objekt, das ihn einst bei seinen waghalsigen Flugexperimenten unterstützt hatte. Da es zu jener Zeit nur selten leicht abzulesende Chronometer gab, hatte Louis, einer von Albertos engsten Freunden aus Verehrung und Liebe zu ihm eine Armbanduhr kreiert, die wegen der Einzigartigkeit ihres Designs bis heute sehr gefragt ist.

Schaft

Es ist die berühmte „Santos" von Louis Cartier, die dieser speziell für seinen Freund entworfen hat: den legendären brasilianischen Flugpionier ALBERTO SANTOS-DUMONT.

→ Best Of

Ziemlich schreckhaft

Geschichte 116 **Als Werner 1975 völlig verarmt und vereinsamt im Alter von 84 Jahren starb, nahm kaum jemand Notiz davon. Kleine exotische Fische, Guppies, seien die große Liebe des wortkargen und asketischen Mannes gewesen, erzählten die wenigen Bekannten, die ihn in seiner kleinen Dachwohnung besucht hatten. Mit Frauen dagegen habe man ihn nie gesehen. Dennoch gab es zwei gescheiterte Ehen und fünf Kinder. Sicher ist, dass er nach dem Krieg seinen Lebensunterhalt als Vertreter verdient hatte und bis 1961 ehrenamtlich als Sportfunktionär in Nordrhein-Westfalen tätig war. Kaum zu glauben, dass Werner einst der Star einer ganz besonders glitzernden Welt gewesen war. Seinen allergrößten Auftritt hatte der zierliche Mann 1909 im Berliner Eispalast gehabt. Die Sporthalle war bis auf den letzten Platz gefüllt gewesen. Werner drehte seine akkuraten Kringel, Kreise und Achten. Begleitet wurde seine Darbietung vom Berliner Ballhausorchester, das ein zartes Melodien-Potpourrie von Operettenkönig Walter Kollo spielte. Plötzlich ein ohrenbetäubender Knall. Der dicke Schlagzeuger hatte mit einem Riesenwumm auf die Pauke eingeschlagen. Werner, der gerade rückwärts über das Eis glitt, sprang vor Schreck in die Höhe. Er drehte sich in der Luft – vielleicht, um zu sehen, woher der Knall gekommen war –, landete wieder auf dem gleichen Bein und glitt – immer noch rückwärts fahrend – elegant über das Eis. Das Publikum tobte vor Begeisterung. Eine derart akrobatische Vorführung hatte man noch nie gesehen. Bis heute gehört der „Absprung rückwärts auswärts – Drehung – Landung – rückwärts auswärts“ zum Pflichtprogramm aller Eiskunstläufer.**

Wer weiß schon, dass jener inzwischen überall bekannte, rückwärts ausgeführte Sprung nach seinem schreckhaften Erfinder – dem elfmaligen deutschen Eiskunstlaufmeister Werner Rittberger benannt wurde – der RITTBERGER.

187 Keine olympische Disziplin

Geschichte 117 Unter Geschäftsleuten ist es heute wie früher üblich, dass man versucht, sich gegenüber seinen Konkurrenten besondere Vorteile zu verschaffen. Dabei gilt es keineswegs als ehrenrührig, einen lästigen Mitbewerber auf die eine oder andere unsaubere Weise auszustechen. Die zu diesem Zweck angewandten Praktiken reichen von der Werksspionage bis zur Verleumdung. Selbst der Versuch, den anderen unter Vorspiegelungen falscher Tatsachen daran zu hindern, die Lage adäquat einzuschätzen, ist bisher nicht strafbar. Ein derartiger Kunstgriff scheint lange Zeit auch beim Fechten erlaubt gewesen zu sein, indem die Kontrahenten versuchten, sich gegenseitig auf ziemlich rüde Weise die Sicht zu verderben. Das ist zumindest einem Text des römischen Schriftstellers Gelius zu entnehmen, der etwa um 150 nach Christi Geburt lebte. Ein von Antoine Furetière im Jahr 1701 herausgebrachtes „Dictionaire de la langue francaise“ beschreibt aber als Ursprung solcher Vorteilsnahme bei Wettbewerben oder Konkurrenzkämpfen eine andere Variante. Demnach liegen die Wurzeln jener Angelegenheit noch weiter zurück. Und die Erklärung ist auf jeden Fall einleuchtend und wird als wahrscheinlicher angesehen. Es geht ebenfalls um unschöne Handlungen beim allgemeinen Kräftemessen junger Männer, aber nicht beim Fechtsport, sondern beim Laufen. Pulverum ob oculos asperge lautete offenbar die Devise, das heißt so viel wie „Staub aufwirbeln“. Auf diese gemeine Weise versuchten offenbar selbst bei den Olympischen Spielen des Altertums die vordersten Läufer ihre Verfolger so zu belästigen und zu behindern, dass sie nicht mehr sehen konnten, wohin sie liefen. Was immer der wirkliche Ursprung gewesen sein mag: Noch heute gibt es eine Redewendung, mit der angedeutet wird, dass ein Konkurrent den anderen daran hindert, einen wahren Sachverhalt zu erkennen, die in gewisser Weise unmittelbar mit dem Staubaufwirbeln der Antike zu tun hat.

Wenn nämlich jemand einen anderen zu täuschen versucht, indem er ihm eigennützig die wahren Tatsachen verschleiert, dann sagen wir: ER STREUT IHM SAND IN DIE AUGEN.

→ Best Of

Ein ungemein hübsches Baby

Geschichte 118 „Sie pflegten zu sagen: Erstens habe ich es einer Besonderheit meines Nervensystems zu verdanken, dass ich einige Dinge wahrnehmen kann, die niemand sonst erkennt. Zweitens habe ich einen immensen Verstand. Und drittens eine besondere Fähigkeit zur Konzentration.“ Bescheidenheit gehörte offenbar nicht zu ihren herausragenden Tugenden. Doch zweifellos war Ada mit ganz besonderen Talenten ausgestattet. Ihre Mutter war Mathematikerin und von der Angst besessen, das Kind könnte das genialisch künstlerische Talent ihres Vaters geerbt haben. Um dem entgegenzuwirken, ließ sie Ada von früh bis spät Mathematik, Geografie und Astronomie pauken. Tatsächlich hatte Ada nicht nur Mutters intellektuellen Scharfsinn, sondern auch Vaters Hang zu einem ausschweifenden Leben geerbt. Obwohl sie verheiratet war und drei Kinder hatte, wurde die auffallende Schönheit die Geliebte des exzentrischen Wissenschaftlers Charles Babbage. Er war Erfinder der Analytical Engine, einer Rechenmaschine, die mit Hilfe ihres riesigen dampfgetriebenen Zahnradwerks komplexe mathematische Probleme lösen sollte. Lange schon, bevor es den Begriff der Software gab, diskutierte er mit Ada über Sprungbefehle, Datentypen und Schnittstellen. Ada vertiefte sich mit allem Eifer in entsprechende Studien und Forschungen. 1843 publizierte sie einen mathematisch-philosophischen Kommentar, der nach dem damaligen Stand der Wissenschaft abstruse und scheinbar zusammenhanglose Formeln und Zeichen enthielt. Das Werk war nach Adas Selbsteinschätzung ein „ungemein hübsches Baby“ und gilt heute als Basiswerk der Informationswissenschaft. Die Veröffentlichung war tatsächlich ein Meilenstein in der Computerwissenschaft. Es steht also fest, dass am Anfang der Programmierkunst kein stiller Tüftler stand, kein Konrad Zuse, kein Norbert Wiener und auch kein Alan Turing.

Es gab da vielmehr eine ganz außergewöhnliche Frau: Lady Ada Lovelace, die Tochter des berühmten, skandalumwitterten Poeten Lord Byron. Und in Anerkennung ihrer Leistung wählte das Pentagon für die erste standardisierte Programmiersprache der Welt den Namen ADA.

Ordnung muss sein

Geschichte 119 Oft wird sie bespöttelt, die sprichwörtliche deutsche Gründlichkeit, die dafür sorgt, dass bei uns alles genau geplant, bestens geordnet und nach festgelegten Regeln gehandhabt wird. Doch der allgemeine Nutzen solcher Vorschriften ist ebenfalls nicht von der Hand zu weisen, denn die Dinge können gerade dadurch manchmal enorm vereinfacht werden. - Gleich zu Beginn - und vor allem während der fortschreitenden Industrialisierung - wurde offenbar, dass vieles bald nicht mehr funktionieren würde, wenn man nicht diverse allgemeingültige Übereinkünfte im Bereich der technischen Neuerungen festlegte. Bestes Beispiel für die unabsehbaren Folgen war die Unsinnigkeit der regional unterschiedlichen Schienenbreite, die beim weiteren Ausbau des Eisenbahnnetzes zum Problem zu werden drohte! Auch viele andere, technisch fortschrittlichere Produktionsverfahren - ja, eigentlich alle in größerem Umfang gebrauchten Systeme und Einzelprodukte kamen auf die Dauer nicht aus ohne genauer festgelegte Vorschriften. Eine auf freiwilliger Basis zustande gekommene Arbeitsgemeinschaft aus Interessenvertretern sowohl der Erzeuger, als auch der Verbraucher, traf sich daher umgehend mit Vertretern aus Wissenschaft, Handel und Behörden zu ersten Verhandlungen und Gesprächsrunden. Zweck des Bündnisses war die Vereinheitlichung von Begriffsbestimmungen, Abmessungen, Formen und Formelzeichen. Debattiert wurden auch Themen wie Rationalisierung, Qualitätssicherung und Information. Mit dem Ziel, die Herstellung zu vereinfachen und zu verbilligen und die Austauschbarkeit von gleichartigen Teilen aus unterschiedlichen Herstellerbetrieben zu sichern, wurden -dank deutscher Gründlichkeit - selbst Konstruktionsdetails wie Gewindemaße, Passungen und Anschlüsse vereinheitlicht und festgelegt. Diese Richtlinien und Vereinheitlichungen wurden dann 1917 erstmals öffentlich gemacht. Gleichzeitig konstituierte sich auch eine neue Vereinigung: der deutsche Normenausschuss. Die Übereinkünfte dieses Verbandes werden seit der Zeit immer weiter fort geschrieben und gelten noch heute. Wohl jeder von uns hat schon einmal eine von dem Ausschuss festgelegte Bezeichnung vorgefunden oder auch anwenden müssen - etwa bei der Angabe eines Papierformats.

Insgesamt gibt es eine kaum mehr überschaubare Unzahl von Maß-, Nummern-, PS-, Grad- und sonstigen Formaten, die aber eines gemeinsam haben. Sie alle entsprechen der Deutschen Industrie Norm, und dafür steht die uns allen geläufige Abkürzung DIN.

→ Best Of

Das ewig Weibliche

Geschichte 120

Offenbar ging es in der Götterwelt der Griechen manchmal nicht viel anders zu als heute in rivalisierenden Prominentenkreisen. Man stritt um Privilegien und machte sich einen Spaß daraus, andere reinzulegen. Vor allem Zeus, der Oberboss, wollte sich nur ungern die Butter vom Brot stehlen lassen. Nun war es damals zwar nicht die Butter, sondern vielmehr das lebensnotwendige Feuer, das vor allem Prometheus, den Enkel des Uranos, interessierte.

Der war offenbar ein ziemlich trickreicher Geselle, denn er stahl den Himmlischen das Feuer, um es den Sterblichen zu überbringen. Daraufhin musste Zeus natürlich ganz dringend seine obergöttlichen Gegenmaßnahmen ergreifen. Er tat es in seiner üblichen Art, ziemlich schlau und auch ein bisschen tückisch und hinterlistig: Er ging zu Hephaistos, dem Schmied und eigentlichen Hüter des Feuers. Er verlangte von Hephaistos, dass der ihm aus einem Klumpen Erde etwas bastele und gestalte, was es bis dahin so noch nicht gegeben hatte: ein Erdenweib. Und schon lange, bevor Eva – laut christlicher Überlieferung – den Sündenfall provozierte, passierte in der antiken Mythologie etwas Ungeheuerliches: Die griechischen Götter händigten jenem attraktiven weiblichen Wesen ein nicht näher definiertes Gefäß aus, bei dem es sich aber möglicherweise um den Hort der Weiblichkeit schlechthin gehandelt haben könnte. Allerdings heißt es höchst frauenfeindlich, es hätte sich darin nur Unheilbringendes befunden. Und so verheerend wie Eva ihre Verführungskünste bei Adam einsetzte – was ja bekanntlich mit dem Rausschmiss aus dem Paradies endete –, soll auch die altgriechische Urfrau das Göttergeschenk genutzt haben. Ihr Gatte, der Bruder des Prometheus, an dem Zeus Rache üben wollte, konnte nämlich nicht widerstehen und öffnete das bewusste „Gefäß“. Und da flutschten sie heraus und verbreiteten sich überall auf der Erde – die Übel der Welt: Missgunst, Elend, Krankheit, Neid. Nur eines blieb drin: die Hoffnung. Und deren Einschätzung ist unter Philosophen bis heute noch strittig.

Doch jenes Gefäß oder Behältnis wurde bekannt unter dem Namen der Frau, die es geschenkt bekam. Bis zum heutigen Tag bezeichnet man sie daher als Synonym für Verderben und Unheil und die Wurzel allen Übels – die BÜCHSE DER PANDORA.

→ Best Of

Illustratoren

Die in DER WAHREN GESCHICHTE verwendeten Illustrationen sind Auszüge aus dem Kunstbuchprojekt 100FOR10. In dem Projekt werden Künstler aus der ganzen Welt eingeladen, eine auf Schwarz und Weiß beschränkte 100-seitige Monografie zu erstellen. Die Bücher sind für je 10 Euro erhältlich und inspirieren den Namen 100FOR10. Initiator des Konzepts war, einzigartige Kunstwerke einer großen Menge zu präsentieren – dabei nicht in einem hochqualitativen Bildband, sondern unverfälscht und frisch aus dem Skizzenbuch.

→ 100for10.com

Joni Majer

Joni Majer ist eine in Berlin geborene Illustratorin. Sie lebt und arbeitet in Saarbrücken, wo sie an der HBK Saar Visuelle Kommunikation studierte und aktuell dort selbst Illustration unterrichtet. Joni Majer gelingt es durch Ihre Illustrationen komplizierte Gedankengänge in einfachsten Zeichnungen wiederzugeben. Sie illustriert unter anderen für Magazine, Zeitungen und Musiker.

→ auf Seite: 2, 6, 8, 9, 12, 15, 35, 37, 59, 70, 73, 94, 105, 111, 112, 117, 142, 158, 171, 172, 196

→ 100FOR10 Buch: Making a point

Dario Forlin

Dario Forlin studierte Visuelle Kommunikation in Bern, Schweiz und Illustration in Falmouth, England. Momentan lebt er in einer kleinen Stadt in der östlichen Schweiz und arbeitet hauptsächlich im Bereich Illustration. Dario Forlin zeichnet Comics, illustriert Texte und erfindet Geschichten mithilfe von herkömmlichen Zeichnungsmitteln über Siebdruck bis zu digitalem Zeichnen. Ebenso verlegt er eigene Fanzines, Comics und Kunstdrucke und gibt in Kooperation mit einigen Freunden ein monatliches Fanzine namens GAFFA heraus.

→ auf Seite: 5, 17, 24, 29, 45, 46, 61, 69, 77, 86, 101, 125, 135, 153, 185, 186, 191, 195

→ 100FOR10 Buch: When looking at cars, I sometimes see bread on wheels

Thomas Hedger

Thomas Hedger ist Illustrator und lebt und arbeitet in London. Das digitale Zeichnen ermöglicht ihm seine Ideen in aussdrucksstarke, interessante und nachdenkliche Zeichnungen umzusetzen. Auf Instagram teilt er täglich neue Illustrationen, das eine geeignete Plattform ist, um seinem Schaffensdrang nachzukommen und mit anderen Kreativen in Kontakt zu treten. Neben Kollaborationen mit anderen Künstlern illustriert er unter anderem für Magazine, Zeitungen und Unternehmen.

→ auf Seite: 1, 18, 78, 121, 132, 136, 161, Cover Rückseite

→ 100FOR10 Buch: Oh them grades

Impressum

Das Buch basiert auf dem Hörfunk-programm „DIE WAHRE GESCHICHTE" aus dem Hause FM Radio Network, ein Unternehmen der Klassik Radio AG und SquareOne Entertainment GmbH.

2. Auflage 2019

Gesamtleitung
Ulrich Kubak und Al Munteanu
Autorinnen
Regina Conradt und Sigi Boguschewsky-Kube
Redaktion
Regina Conradt
Illustrationen
Joni Majer, Dario Forlin und Thomas Hedger
Design/Layout
Melville Brand Design
Herstellungsleitung
Katja Marginter

Printed in Germany
ISBN: 978-3-939714-08-8